오늘 일은 끝!

FEIERABEND!

FEIERABEND!

Warum man für seinen Job nicht brennen muss

by Volker Kitz

오늘 일은 끝!

폴커 키츠

신동화 옮김

일을 통해 자아실현 한다는 거짓말

판미동

차례

1장

행복과
불행의 단어
'일'

일은 우리를 행복하게 하지만,
일하는 것은 우리를 불행하게 한다.

'태양'이라는 단어를 **읽을** 때면, 햇빛 아래 **누울** 때와 똑같은 일이 우리 몸속에서 일어난다. 온기가 피부 속으로 스며들면서, 혈관이 확장되고, 기분이 좋아진다. 왜냐하면 우리는 단어를 떠올릴 때, 그 단어를 느끼기 때문이다.

단어는 우리를 자극하거나 마비시키고, 웃거나 두려워하게 만들고, 사랑하거나 증오하게 한다. 단어는 어떤 이미지를 불러내고, 그 이미지는 우리에게 어떤 느낌을 받도록 만든다. 이러한 과정은 우리 자신에 대해, 그리고 우리가 세상을 어떻게 보는지에 대해 많은 것을 알려 준다.

베를린자유대학의 한 연구팀은 3,000개의 독일어 단어가 주는 느낌을 조사했다. 부정적인 느낌을 가장 많이 유발한 단어로는 '독가스' '전쟁' '살인'이 있었다. 긍정적인 기분을 가장 많이 불러일으킨 단어로는 '사랑' '낙원' '자유'가 있었다. 그 밖의 모든 단어는 그 양극 사이에 자리했다.

여기에서 흥미로운 사실을 하나 발견할 수 있다. 거의 모든 단어는 동사형일 때나 명사형일 때나 비슷한 느낌을 준다. 즉 명사로 표현된 사실, 현상은 동사로 표현된 행위와 비슷한 느낌을 불러일으킨다. 예를 들어 '분리Trennung'와 '분리하다trenen'는 둘 다 부정적 기분을, '여행Reise'과 '여행하다reisen'는 둘 다 긍정적 기분을 유발한다. 그런데 이 규칙을 벗어나는 두 가지 예외가 있다.

그중 하나는 뒤에서 이야기하도록 하자. 우선 언급하고 싶은 하나의 단어쌍은 '일Arbeit'과 '일하다arbeiten'이다. '일'이란 개념은 좋은 느낌을 주는 반면 동사 '일하다'는 부정적인 기분을 불러온다는 것이다.

'일은 우리를 행복하게 하지만, 일하는 것은 우리를 불

행하게 한다.'

이것이 바로 노동이 아니라 언어의 힘을 다룬 이 실험에서 얻을 수 있는 간단한 통찰이다. 이 통찰이 흥미로운 까닭은 그것이 '일이 삶에 어떻게 작용하는가?'라는 질문을 해명하려던 연구자들이 발견한 것과 일치하기 때문이다. 삶에 **전반적으로** 얼마나 만족하느냐고 물었을 때 직업이 있는 사람의 행복도는 직업이 없는 사람보다 높다.

주간지 《디 차이트Die Zeit》의 2016년 '유언 연구[1]'는 이를 증명하는 수많은 연구 중 하나다. '삶을 즐기는 것'이 매우 중요하다는 응답자는 82퍼센트였고, '생업에 종사하는 것'이 매우 중요하다는 사람의 비율은 그보다 높은 85퍼센트였다. 삶을 즐기는 것보다 일이 더 중요한 것이다! 《디 차이트》의 해석은 이렇다.

---

1 《디 차이트》와 응용사회학연구소 infas, Institut für angewandte Sozialwissenschaft 그리고 베를린사회과학센터 Wissenschaftszentrum Berlin für Sozialforschung가 독일인 3,100명 이상을 대상으로 현재 삶과 희망하는 삶을 조사한 연구. 미래 세대에게 어떤 유언을 남기고 싶은지 묻는 형식으로 설문을 진행했다. (옮긴이)

"나는 일하는 게 좋아요!"

하지만 틀렸다. 사람들은 단지 일을 가졌다는 사실을 좋아할 뿐이다.

왜냐하면 이런 자료도 있으니까. 생업에 종사하는 사람들에게 하루 중 다양한 시간대에 같은 질문을 던진다. **지금 이 순간** 기분이 어떠냐고. 그러면 마찬가지로 분명한 사실이 드러난다. 친구들과 파티를 하고 있을 때, 고양이를 쓰다듬고 있을 때, 텔레비전 앞에 앉아 있을 때 사람들은 행복하다고 답한다. 그러나 일할 때는 아니다. 일하고 있을 때 사람들은 불행하다.

저명한 경제 행복 연구자인 리처드 레이어드 Richard Layard는 어떤 활동이 사람을 가장 행복하게 하는지 살펴봤다. 조사 결과에 따르면 랭킹은 이렇다. 섹스하기, 다른 사람과 교제하기, 먹기, 운동하기. 일하기는 순위에서 상위권이 아니라 하위권에 있다.

사람들이 일을 좋아하지만 일하기는 좋아하지 않는 것은 역설처럼 보인다. 우리는 이 수수께끼를 추적할 것이다. 나의 테제는 이렇다.

'우리를 불행하게 하는 것은 일이 아니라 우리가 일에 관해 하는 거짓말이다.'

일은 우리 머릿속에 관념으로, 이상으로 존재한다. 현실에서 펼쳐지는 일상적인 직장 생활은 이러한 이상적인 이미지를 지탱하지 못한다. 현실은 우리를 실망시키고 우리는 어쩌지 못하고 괴로워한다. 우리는 관념으로서의 일은 좋아하지만 막상 일을 직접 하기에는 질색하는 것이다.

이런 문제를 해결하기 위한 기존의 출발점은 이렇다. '현실을 이상에 맞추는' 것이다. 사실 아주 많은 이들이 오랜 세월 동안 그러려고 노력해 왔다. 고용주들은 동기 부여 공식을 쫓느라 여념이 없고, 수조 원 규모의 컨설팅 산업이 그들을 뒷받침한다. 하지만 전혀 효과가 없었다. 자신의 일에 실망하는 사람들의 비율은 꿈쩍도 하지 않고 여전히 높다. 컨설턴트들이 한심하거나, 문제 해결의 출발점이 잘못된 것이다.

그렇다면 거꾸로 생각해 보는 것이 좋다. '관념을 실제에 맞추는' 것이다. 일에 관해서 우리 마음속에 자리 잡은 믿음을 의심하는 사람은 거의 없다. 하지만 냉철히 따져

보면 그 믿음은 무너져 내리고 만다.

우리가 이 책에서 앞으로 할 일이 그것이다. 때로는 아프고 때로는 즐거울 것이다. 거짓에서 진실로 나아가는 길은 우리의 감정을 치유하는 과정이다.

이 책은 일을 현대적이고 실용적으로 대하자고 주창한다. 우리는 또한 긍정적인 취지에서 각성하는 과정을 거칠 것이다. 진실은 착하며, 희망차고 홀가분하게 우리를 환상에서 깨워 준다.

속박에서 벗어난 자에게 일하기는 더 이상 부정적인 것이 아니다.

2장

일에 관한
마법 구슬 같은
신화

일이 우리에게 성취감, 자아실현,
행복을 가져다준다면,
우리 인생에 의미를 부여해 준다면,
왜 우리는 그에 대해 돈을 지불하지 않는가?

   '낙원'은 우리에게 행복감을 주는 단어일 뿐 아니라 일과 인간 사이의 관계를 다루는 출발점이기도 하다.

   성경 속 낙원의 중요한 특징은 아담과 하와가 일을 하지 않았다는 점이다. 막 창조된 땅이 그들에게 필요한 것을 주었고, 일은 관념으로도, 활동으로도 존재하지 않았다. 뱀이 나타나 하와를 유혹했고 하와는 아담을 유혹했다. 아담과 하와는 금지된 나무의 열매를 따 먹었고, 신은 두 사람에게 벌을 내렸다. 즉 그들의 삶에 일을 부여했다. 성경에 따르면 이제 인간은 '수고하여' 먹고살아야 했고

토지를 '갈아야' 했다. 그리하여 우리에게 일이 생겨났다. 벌로서.

일은 이러한 평판을 오래도록 유지했다. 원시인은 허기를 달래려 수렵하고 채집했다. 그러고 나면 누워서 휴식을 취했다. 수렵과 채집은 어쩔 수 없이 해야 하는 일이었다.

고대의 명예로운 시민 중 생업에 종사하려 한 자는 아무도 없었다. 일하지 **않는** 것이 이상적인 것이었다. 사람들은 배우고 사색하며 시간을 보냈고, 국가와 사회에 관해 숙고했다. **그것이** 훌륭한 시민의 자질을 이루는 핵심이었다. 일은 노예와 천민에게 맡겨 두었다. 중세 수도승은 일을 함으로써 자신의 죄를 회개했다.

16세기에 마르틴 루터Martin Luther가 등장했다. 루터는 일을 '직업'이라 불렀고, 신 앞의 인간을 규정하는 데 사용했다. 이제 비로소 '일'은 하나의 개념이 되었다. 그리고 여기에 이데올로기가 씌워졌다.

마르틴 루터 이후 500년의 세월이 길어 보일지도 모르겠다. 하지만 인류의 기원은 약 600만 년 전으로 거슬러

올라간다. 600만 년 동안 일은, 현상의 차원에서 본다면, 짐 혹은 벌이었다. 일에 대한 예찬은 고작 500년 전부터 시작되었다. 이는 인류 역사의 0.008퍼센트에 해당한다. 일이 매혹적이라는 것은 결코 자명한 사실이 아니었다.

하지만 우리는 더 이상 원시인이 아니며, 고대나 중세가 아닌 현대 사회에서 살고 있다. 우리는(적어도 독일에서는) 더 이상 하루하루 생존을 위해 투쟁하지 않는다. 기계가 사람의 일을 덜어 주고 우리에게 시간을 선사했다. 그러면서 이 시간에 우리는 자신을 연구하고 우리의 욕구를 고찰할 수 있게 되었다. 술통 속에 웅크리고 온종일 사색한 그리스 사상가 디오게네스Diogenes를 오늘날 이상으로 내세운다면, 순진한 일이리라.

일은 현대인에게 '의미'를 지닌다. 그렇지 않다고 주장하는 자가 있다면, 일이 없어 괴로워하는 사람을 모욕하는 셈이다. 자신이 사회의 일원이라 느끼지 못하는 사람, 친구들에게 외면받는 사람, 삶을 상실해 간다고 느끼는 사람을 말이다.

일은 사회에서 우리의 자리를 지정해 주고, 사회는 우

리를 이용해 무언가를 한다. 일은 우리에게 일과를 부여하고, 우리를 집에서 나와 타인과 접촉하게 한다. 일을 원하지만 일이 없는 자는 외적으로나 내적으로나 심각한 병에 걸릴 수도 있다. 일을 잃는다는 것은 파트너를 잃는 것처럼 삶을 파괴하는 트라우마적 사건이다.

이로써 오늘날 우리가 왜 일을 가지고 싶어 하는지, 사회에서 만족하며 살아가기 위해 우리가 왜 일을 필요로 하는지 밝혀졌다.

오늘날 우리가 가진 일에 대한 이미지는 어떤 것일까?

큰 장이 선 거리를 어슬렁어슬렁 거닐어 보자. 여러분은 신비로운 구슬을 가지고 호객 행위를 하는 한 여인의 좌판 앞에 멈춰 선다. 여인이 열을 올리며 이야기한다. "이 구슬을 가져가면 성취감이 생겨요. 이 구슬은 인생에 의미를 부여해 주죠. 구슬이 없으면 아무리 발버둥쳐 봐야 어림없는 일이에요." 여러분이 곰곰이 생각에 잠겨 묻는다. "늘 똑같은 구슬이 지겹지 않을까요?"

"아, 그렇지 않아요. 구슬은 매일매일 달라요. 때로는 빨갛게, 때로는 파랗게 빛나죠. 항상 손님에게 도전 의식을 불러일으킬 거예요. 그리고 엄청난 창조적 자유를 주죠. 이 구슬을 가지고 있으면 얼마나 많은 가능성이 열리는데요!"

구슬이 여러분을 향해 친근하게 빛을 발한다.

"구슬만으로는 외롭지 않을까요?"

"천만에요. 구슬이 있으면 손님처럼 온몸으로 즐거운 기운을 발산하는 좋은 사람들만 주변에 있게 된답니다."

"돈이 부족하지 않으면 좋겠는데."라고 말하며 여러분이 황급하게 묻는다. "얼마죠?"

"됐어요. 그냥 가져가세요! 구슬을 가져가면 돈을 받으실 거예요. 매달 수백만 원이 자동으로 통장에 꽂히죠. 계좌 번호만 주시면 돼요."

경찰에 신고해야 할까? 이런 약속을 하는 사람은 신용이 가지 않을 뿐 아니라 대개는 사기꾼이다. 수작에 걸려 드는 사람이 바보다. 만약 우리가 직장 생활을 하고 있지 않다면 말이다. 하지만 직장 생활을 하는 우리는 경찰에 신고하지 않으며 서로 마법의 구슬을 사고판다.

유희, 재미와 스릴, 의미, 성취감, 자아실현, 주변의 멋진 사람들.

바로 이것이 오늘날 우리 머릿속에 있는 일의 관념이다. 구인광고의 이야기가 그렇고, 경영진의 이야기가 그렇다. 일은 오로지 일을 하는 사람들을 행복하게 하기 위해 발명되었다. 값비싼 불릿 포인트Bulletpoints[2]에서 컨설턴트들은 '사람을 중심에' 놓는다. '열정'은 '배움'이다. 오늘날 기업은 고객뿐 아니라 직원 그리고 미래의 직원을 상대로도 마케팅을 수행한다. 판매 전략의 온갖 술책이 동원된다. 사람들은 이를 대놓고 '고용주 브랜딩Employer Branding'이라 부른다.

그러나 독일에서만 3,000만 명이 좌절에 빠져 있다. 업계, 계급, 연령, 성별을 가리지 않고 매일 말이다.

---

2 핵심 항목을 정리한 것. 각 항목 앞에 동그라미, 네모, 다이아몬드 모양의 기호를 붙인다. (옮긴이)

여러 연구가 이 사실을 꾸준히 증명한다. 예를 들어 '갤럽 몰입도 지수Gallup Engagement Index'에서 매년 나타나는 결과는 이렇다. 전체 피고용인의 약 15퍼센트만이 회사와 자신을 동일시하며, 마법의 구슬 이론과 같이 자신의 직업에 열의를 보인다. 이 수치는 최근 15년간 변하지 않았다. 그런데도 이에 대해 깊이 생각하는 사람은 아무도 없다. 오히려 그 반대다. 고용주들은 점점 더 크고, 점점 더 비현실적인 약속에 빠져들고 있다.

경영진들이여, 가련하도다! 그런 신기루 같은 목표를 좇느라 발바닥에 땀이 날 지경이니. 당신들 중 상당수는 그것을 믿는다. 벌써 한참 전부터 믿지 않는 사람들도 있건만.

직원들이여, 가련하도다! 일이 멋지다고 공표하는 소리를 들으면 들을수록 당신들은 더더욱 좌절에 빠져 움츠러드니.

일이 우리에게 성취감, 자아실현, 행복을 가져다준다면, 우리 인생에 의미를 부여해 준다면, 왜 우리는 그에 대해 돈을 지불하지 않는가? 그러한 통념은 달콤하게 들리지만 해로우며, 만족감을 만드는 게 아니라 오히려 만족감을 파괴한다. 그리고 생산성 또한 파괴한다. 1,000퍼센트 수익률을 약속하는 것이나 같다. 우리는 어찌 이리 순진한가?

물론 본보기가 될 정도로 자신의 직업을 사랑하며 매일 자신의 일과 한참 동안 정열적인 딥키스를 나누는 사람들도 있다. 그런 이들을 무시하지는 않겠다. 하지만 그 사람들에게도 할 말이 있다.(어쩌면 여러분이 벌써 던지고 있을 물음, "그러니까 우리가 일을 하며 괴로워해야 한다는 건가요?"에 대해서도 마찬가지다.)

지금은 이 정도로 정리하고 싶다. 그러한 사람들은 특별한 전제조건을 갖춘 극소수에 불과하다고. 늘 기분이 좋은 이 한 줌의 사람들만으로는 경제의 수레바퀴를 돌릴 수 없다. 그리고 이들은 한 사회가 얼마나 행복한지를 결정하지 않는다.(이 책이 말하고자 하는 바는 일이 극심한 고통이어야 한다는 것도 아니다. 이에 대해서도 뒤에서 더 말하겠다.)

사회의 심장, 경제 활동의 심장 — 그것은 바로 다수의 노동 인구다. 심장이 박동하려면 우리는 몇몇 예외가 아닌 다수에 초점을 맞춰야 한다. 이어서 우리는 일에 대한 신화와 일의 실제를 알아볼 것이다. 그것이 다수의 노동 인구에게 어떤 식으로 나타나는지, 일에 대한 거짓말과 허황된 이야기를 하나하나 낱낱이 알아볼 것이다.

3장

직장 생활에 대한
거짓된 환상들

일이 인생에 의미를 불어넣을 것이라고
약속하는 것은,
일이 인생에 의미를 부여할 것이라
기대하는 것만큼이나 부당하다.

열정을 불태우면 좋은 결과가 나온다

    최근에 인사 담당자를 대상으로 한 워크숍에서 강연을 할 일이 있었다. 내 앞 강연자는 저명한 남자였다.

- 강연 주제: 일에서의 행복.
- 테제: 일에서 행복을 찾지 못한 자, 스스로에게 책임이 있다.
- 논거: 마음에 와닿는 어느 실화. 취리히에 있는 한 심장외과 의사의 이야기. 그는 생명을 구하고, 돈을 많이 벌고,

유명하다. 56살이 되던 해에 돌연 그는 자신이 진정으로 원하는 일이 트럭 운전이라고 생각하게 된다. 그리하여 트럭 면허를 따고, 수술용 메스를 460마력 트럭으로 바꾸고, 40톤 화물을 싣고 유럽의 도로를 질주한다. 그의 변신은 큰 반향을 불러일으켰고, 여러분 중 많은 분은 자신의 인생에서 그러한 변신을 경험할 것이다.

청중은 감동에 젖어 강연자를 바라본다. '그래, 자기 일에 행복을 느끼는 건 그토록 간단한 일이지. 나는 내 인생에서 뭘 잘못하고 있는 걸까?'

나는 준비한 강연을 한쪽에 밀쳐 두기로 작정한다.

"우리 한번 상상해 봅시다."

나는 청중을 끌어들인다.

"이야기가 반대로 시작되었다고 말이죠. 한 트럭 운전사가 50대 중반에 깨닫는 거예요. 자기 일생의 꿈이 명망 있는 심장외과 의사가 되는 거라고."

나는 말을 멈추고, 청중 속에서는 폭소가 터진다. 가슴이 말하는 대로 따라가 하루아침에 완전히 다른 일을 하는 사람들의 감동적인 이야기. 때때로 우리가 무슨 허튼

소리에 빠져 있는지를 알려면 이야기를 거꾸로 돌려 보기만 하면 된다.

이러한 이야기는 우리에게 해롭다. 왜냐하면 두 가지를 넌지시 암시하기 때문이다. 첫째, 열정을 불태울 일을 찾고 그 일을 하는 것은 아주 쉽다. 오직 바보만이 그러지 않는다. 둘째, 열정은 일의 척도다.

하지만 둘 다 틀렸다.

'열정만을 따른다.'는 것 자체가 그렇게 쉬운 일이 아니다. 우리 사회의 다수는 유명한 심장외과의가 아니라, 비유적으로 혹은 말 그대로 트럭 운전사다. 여기서 트럭 운전사란 성취감을 주는 일을 '그냥' 쉽게 찾아내 내일부터 직업으로 삼아서는 안 되는 모든 이를 가리킨다. 은행원, 간호사, 재무관리사 같은 노동 인구의 다수는 자신의 직업을 페이스북 프로필 사진처럼 함부로 바꿀 수 없다.

교육 수준이나 계급만이 문제가 아니다. 여기 경영학 학위를 받았고, 평판이 더할 나위 없이 훌륭하며, 예컨대 캘리포니아에서 서핑 스쿨을 차리는 것이 꿈인 중간관리자가 있다고 치자. 그는 결혼을 했고 학교에 다니는 아이들도 있다. 집도 한 채 지었다. "서핑 스쿨이 당신 꿈이라면 더 망설일 게 뭐 있어요?" 이런 조언은 이 중간관리자에게나 그 부하 직원에게나 그다지 도움이 되지 않는다. 심장외과의 출신인 56세 트럭 운전사의 사례처럼 별다른 문제가 없기는 힘들기 때문이다. 만약 그의 어린 시절 꿈이 축구 선수였다면 어땠을까?

하지만 달성하기 어렵다고 해서 그것을 목표로 설정하지 말라는 법은 없다. 그것이 아무리 어려운 목표라 해도 말이다. 열정적으로 일하는 것이 업무적으로도 좋은 결과를 가져오고 본인에게도 만족스러운 삶을 보장한다면, 열정을 일의 척도로 떠받드는 게 의미가 있으리라.

오늘날 기업 미션과 그 밖의 모토에 만연한 '열정'이라는 상투어는 이렇게 들린다. 자동차 생산, 송금 업무, 호텔 화장실 청소, 이 모든 일은 '열정이 우러나' 하는 게 아니라면, '마지못해 견디며' 하는 것이라고. 이런 상황에서 열성적인 사람들은 훌륭히 일을 해낸다, 이것이 기업들이 말하려는 바다. "행복한 젖소가 좋은 우유를 만든다."와 다름없는 소리지만 말이다.

열정 테제를 검토하려면 「독일이 슈퍼스타를 찾습니다 Deutschland sucht den Superstar」를 한 회 보라. 이 텔레비전 방송에서 도전자들은 자신의 음악적 재능을 증명하고 싶어 한다. 열정이 가득하고 음악을 목숨처럼 사랑하는 이들이 넘쳐난다. 그들은 심사위원단 앞에서 혼신을 다해 노래를 부른다. 그럼에도 재능이 없다고 비웃음만 받는다. 물론 열정적이면서 노래까지 잘 부르는 사람도 있다. 그러나 노련한 심사위원들은 그런 사람에게도 자주 말하길, 슈퍼스타로 성공하기에는 뭔가가 부족하다고 한다. 현실 감각이 없다고 말이다.

노래를 잘 부르는 것은 기본이고, 직업으로서 노래 부르는 일에 냉정하게 거리를 두는 사람들이 음악 업계에서 가장 크게 출세한다. 「독일이 슈퍼스타를 찾습니다」는 열정이 일을 잘하는지 여부와 어떤 상관관계가 있는지 보여 주는 재미있는 증거다. 그에 대한 답은 '아무 관계도 없다.'는 것이다. 기업들은 고객과의 약속에서 자기들이 열정적이라고 주장하곤 하는데 나는 이제껏 단 한 번도 그게 당최 무슨 소리인지 이해한 적이 없다.

텔레비전 밖에는 그보다 재미있지는 않으나 못지않게 강한 설득력으로 열정 테제를 반증하는 예가 있다. 변호사들은 자기 자신을 변호하지 않는다는 규칙을 명심하고 따른다. 의사들은 친족을 수술하기를 꺼린다. 그 이유는 이렇다. 자신과 관계된 일이므로, 거리가 없으므로 열정이 너무 커지기 때문이다.

다른 활동들에서도 마찬가지다. 합리적 결정, 사려 깊은 행동, 세심한 작업은 열정이라는 진흙 바닥 위에서는 잘되는 법이 드물다. 냉철한 머리는 열정에 취한 머리보다 나은 결과를 가져다준다. 작가는 열성을 다해 끔찍한 책을 쓸 수 있다. 치과의사는 헌신적으로 환자의 치아를 상하게 할 수 있다. 비행기 승무원은 열의에 차 흥분한 상태에서 여러분의 블라우스에 커피를 쏟을 수 있다. 누구든 주변을 둘러보면 열정적인 실패자를 발견할 수 있다.

많은 기업의 문제는 열정 부족과 아무런 상관이 없다. 언젠가 신선식품 배달 서비스를 이용한 적이 있다. 그곳의 물건 품질은 좋았다. 회사 웹사이트에 명시된 것처럼 그 회사는 '열정을 가지고' 일했지만, 유감스럽게도 그곳 직원들은 달력 한번 들여다보지 않았다. 엉뚱한 날에 물건을 배달한 것이다. 내가 여행을 떠난 동안 식료품은 한여름 뜨거운 계단실에서 상해 갔다.

언뜻 보기에 대수롭지 않은 것들이 없으면 일상적인 영역에서 결함이 생긴다. 세심함과 확실함, 집중력과 주의력이 그런 것들이다. 달력에 일정 기입하기, 이메일 꼼꼼히 읽기, 고객이나 직원의 말에 주의 깊게 귀를 기울이기, 회신 약속을 지키기, 말하기 전에 잘 따져 생각해 보기, 자신이 한 말을 다음 날 떠올리고 그대로 실천하기, 정확히 기록하고 계산하기. 이러한 요구사항을 충족하려면 신중해야 하며 세세한 것들을 다룰 준비가 되어 있어야 한다.

열정은 이러한 능력과 대척점을 이룬다. 열정은 격앙된 잡음을 만들어 내고, 그 결과 우리는 자신의 행동에 대해 냉철하게 거리를 둘 수 없게 된다. 열정은 온갖 미사여구로 우리를 속인다. 훌륭한 업무란 많은 경우 매력적이지 않은 요소들로부터 완성된다는 점을 알아차리기 어렵게 만드는 것이다.

훌륭한 업무를 위해서는 무엇보다 한 가지가 꼭 필요

하다. 외부와 내부를 향한 공감 능력이다. 고객을 아는 자만이, 고객이 무엇을 원하고 무엇을 불편해하는지 아는 자만이 고객을 만족시킬 수 있다. 직원, 동료, 상급자를 이해하는 자만이 한 조직 내에서 유용한 사람이 될 수 있다. 공감 능력의 전제조건은 내 입장을 떠나 다른 사람에게 감정을 이입하는 것이다.

간단한 이야기 같지만 관점의 전환은 최고 난이도 과제다. 다른 사람의 머릿속으로 들어가려면 나 그리고 내 일과 거리를 두어야 하기 때문이다. 하지만 여기서 열정은 그 정반대에 있다. 열정에 빠진 상태에서는 모든 것이 오직 나 그리고 일과 나의 관계를 중심으로 돌아간다. 그리고 일과 나의 관계가 얼마나 밀접한지가 중요하다. 내가 내 일을 사랑할수록 일은 더더욱 나에게 목적 자체가 된다. 다른 것은 아랑곳하지 않게 된다.

스타트업 그리고 젊은 신생 기업들이 좋은 예시라 할 수 있다. 이러한 기업들에서 두드러지는 두 가지는 열정과 실패율이다. 창업자들은 그들의 이상에 맞게 열성을 다하고 진행 중인 프로젝트를 자신의 인생처럼 대한다.

스타트업 직원들은 자신을 자기 일과 동일시한 나머지 적은 돈을 받거나 아예 무급으로 업무를 보는 일이 흔하다.

그러나 추정에 따르면 스타트업 10곳 중 1곳만이 성공을 거두며, 나머지 기업들은 자취를 감추고 만다. 창업자에게 빚을 남기거나 취미로 끝을 맺는 것이다. 제대로 돈도 받지 않고 열심히 일하던 직원들에게 주어지는 보답은 해고다. 이 기업들이 망하는 이유는 사람들이 너무 열정적이고, 자신들의 이상에 너무 빠져 있었기 때문이다. 오직 열정에 눈이 멀어 자신들이 누구도 필요로 하지 않는 상품 또는 형편없는 상품을 내놓았다는 점을 깨닫지 못했던 것이다.

상당수 스타트업들은 몇 년간 홀로 어설프게 뚝딱거리고 몽상에 빠져 회사명을 넣은 편지지, 명함, 인터넷 페이지 따위를 만들어 내다가 처음으로 현실과 대면한다. 그리고 자신들의 계획에 흥미가 있는 투자자나 고객이 단 한 명도 없다는 것을 알고는 깜짝 놀란다. 이러한 문제가 중요하다는 것을 제때 깨달으려면 공감 능력이 필요한데, 열정 때문에 공감 능력을 위한 자리가 사라지는 것이다.

기업들이 열정을 신봉하다가 스스로를 해치는 데는 한 가지 이유가 더 있다. 어떤 기업이든 지출보다 많은 돈을 지속적으로 벌어들일 때만, 최소한의 비용으로 최대한의 성과를 달성할 때만 유지될 수 있다. 사람들은 이를 효율성이라 부른다. 한번은 어느 미디어 기업의 중간관리자와 이야기를 나눈 적이 있었다. 나는 그에게 간소화된 업무 단계로 같은 성과를 달성할 수 있다고 조언했는데, 그는 참으로 깜짝 놀라 나를 쳐다보았다.

"그런 일에는 관심 없습니다. 저는 일하기를 좋아하거든요."

핵심을 잘 보여 주는 말이다. '열정은 효율성의 적이다.' 일에 푹 빠진 사람은 간소화된 업무 단계로 동일한 성과를 얻을 수 있는 가능성을 찾지 않는다.

그러므로 열정과 거리를 두려고 한다고 해서 훌륭한 업무에 반대하는 것은 아니다. 오히려 그 반대다. 하지만 이때도 역시나 역추론의 함정을 조심하는 것이 좋다. 그렇다고 열정 없이 일할 때 **자동적으로** 일을 더 잘 해낸다는 뜻은 아니니까. 열정과 업무의 질은 그저 별개의 가치일 뿐이다.

하지만 만족스러운 삶을 위해서는 열정을 불태울 일이 필요하지 않은가? 물론, 열정적으로 일하며 행복한 삶을 사는 사람들이 있다. 하지만 열정적으로 일하며 불행한 삶을 사는 사람들도 있다. 열정이 지나치게 부글부글 끓어오르면 나머지 삶이 일 속에서 증발해 버릴 위험이 있기 때문이다. 그러면 언제 어디서나 일이 삶의 분위기를 결정해 버린다. 그러다 조만간 결핍감이 찾아오기도 한다. 직업에 대한 (과거의) 과도한 열정 때문에 중년에 커다란 위기를 겪는 경우는 드물지 않다.

무언가에 심하게 빠졌던 사람일수록 보다 냉정한 각성에 이른다는 것은 다른 여러 영역에서 우리가 익히 아는 사실이다. 그리고 '소진'이 열정을 '불태우는' 일과 관련이 있다는 것을 그사이 모두가 알게 되었다. 자신의 직업에 열정을 불태우지 **않으면서도** 행복한 사람은 충분히 많다. 일에 대한 열정과 성공한 인생 사이에는 어떤 필연적 관계도 없다.

여러 세대에 걸쳐 불행의 베일을 드리운 것은 바로 열

정에 대한 **강박**이다. 우리는 일에 대한 열정이 정상적인 동시에 이상적인 것처럼 묘사한다. 미친 듯이 헌신적으로 자기 일을 열심히 하지 않는 사람은 스스로에게나 다른 이들에게나 의심스럽게 비친다. 그래서 수백만의 사람이 사무실에 앉아 있거나 컨베이어 벨트 옆에 서 있거나 젖은 걸레를 쥐고 바닥을 기어 다니다가 문득 자신에게 묻는다.

'일하면서 열정을 느끼지 못한다면 나한테 뭐가 잘못된 걸까?'

이들은 해답을 찾고 곰곰이 생각하고 좌절에 빠진다. 자신들의 인생에서 뭔가가 '정상'이 아니라는 이유로.

이때 사람들이 겪는 대부분의 문제는 어린 시절 가졌던 꿈의 직업을 형편상 실현하기 어렵다는 게 아니다. '문제'는 이렇다. 그들에게는 '꿈의 직업'이란 것이 전혀 **없다**. 요술 지팡이를 든 요정이 찾아온다 해도 그들은 어떤 일을 소원으로 말해야 할지 모를 것이다. 사회가 기대하듯, 열정을 불태울 일 말이다. 그들은 일에서 열정을 발견한다고는 상상할 수 없고, 일에서 열정을 추구하지도 않는다. 그들은 삶의 여러 영역에서 만족감을 이끌어 낸다. 일은 그 여러 영역 중 하나에 불과하다. 일에 열정을 불태우는 것을 성공한 인생의 표본처럼 여기는 세상에서 이러한 사람들은 이방인과 같을지도 모른다. 원래는 '인생'과 '직장 생활'이 동의어인 사람들을 불쌍히 여겨야 마땅하지만, 그러나 지금은 그 대신 머릿속에 '꿈의 직업'이라곤 절대 없는 사람들이 고통을 받고 있다.

앞에서 말한 심장외과의는 몇 년 후 트럭 운전을 그만두었다. 업계의 경쟁에 짓눌린 까닭이다. 나에 앞서 강연한 그 저명한 연사는 이 사실을 언급하지 않았다. 열정은 자신이 보고 싶은 것만 본다.

새로운 도전을 통해 성장한다

"이번 비행은 제게 도전입니다."

여러분이라면 출발 전에 이렇게 선언하는 조종사의 비행기를 타고 싶겠는가?

"저희 병원 간호사에게 업무는 늘 새로운 도전입니다. 이제 간호사가 피를 좀 뽑을 겁니다."

여러분이라면 이렇게 말하는 의사의 진료대에 참고 가만히 누워 있겠는가?

그럼에도 우리는 확신할 수 있다. 정확히 다음과 같은 찬사가 두 직업에 붙을 거라고.

'흥분되는 도전.'

나는 인사 담당자가 인터뷰에서 이런 말을 하는 경우를 본 적이 없다. "우리 회사에서는 지루한 일도 해야 합니다." 기업들은 따분한 사무직을 '흥미진진한 도전'이라 광고한다. 그리고 나는 단조로운 일을 **찾는** 사람을 한 명도 본 적이 없다. 루틴 업무는 **구인**광고에서도 **구직**광고에서도 찾아볼 수 없다.

나는 이 점이 놀랍다. 왜냐하면 우리가 날마다 수행하는 모든 업무는 루틴이기 때문이다. 그러나 우리가 일에 관해 말할 때 루틴 이야기는 전혀 하지 않는다.

배움의 과정에서 이미 우리는 도전에 익숙해진다. 견습, 직업 교육 또는 대학 교육은 가파른 그래프를 그린다. 새로운 것을 익히고, 계속 나아가고, 다음 단원으로 넘어간다. 멈추지도 않고 지루한 반복도 없으며 늘 도전이다. 직업 교육이 딱 그렇다. 쉬운 과제가 아닌 어려운 과제를 가지고 교육이 이루어지기 때문이다. 그러나 직업 **활동**에서는 그 반대가 되리라는 것을 누구도 이야기해 주지 않는다.

우리는 이러한 이미지를 바로잡아 주는 정보를 다른 경로로는 얻을 수 없다. 책, 신문, 영화나 텔레비전에서 직장 생활을 다룰 때 일상적이고 지루한 루틴을 보여 주는 일은 결코 없다. 일상 루틴은 그것이 르포든 픽션이든 어떤 이야기에서도 소재거리가 아니다. 의사는 매순간 생명을 구하고, 크루즈 승무원은 사람들을 서로 엮어 주고(꿈의 결혼식이 뒤따른다!), 산림감시원은 우회도로에 맞서 싸운다. '우리 슈페히트 선생님 Unser Lehrer Dr. Specht'[3]은 학생들의 가정 문제를 해결하기 위해 온갖 일에 용감히 몸을 던진다. 교실에서 그의 모습을 찾아보기는 힘들지만, 놀랍게도 아이들은 성실히 교과 내용을 학습한다. 완전히 홀로 말이다. 기자는 스캔들을 추적하고, 목사는 자살하려는 사람을 구한다. 반면에 서식을 작성하고, 원가중심점을 기입하고, 필기 과제를 수정하고, 약을 처방하고, 설교 초안을 잡고, 지루한 기자 회견에 대한 보도문을 컴퓨터에 타이핑하는 일 등 업무의 95퍼센트를 차지하는 이런 일들은 매체에서 묘사되지 않는다.

나는 법학을 전공했는데, 대학 교육 과정 동안에는 다음과 같이 어려운 사례를 다루었다. 한 남자가 아픈 아내를 병원으로 데려오지 않는다. 신앙심이 깊은 나머지 기도로 아내를 치료하려는 것이다. 아내는 죽어 가고 있다. 이 남자를 감옥으로 보내야 할까, 아니면 신앙의 자유를 존중해야 할까?(이 남자는 무죄 판결을 받았다.) 마찬가지로

---

3 독일의 텔레비전 시리즈. 그 주인공인 선생님을 가리킨다. (옮긴이)

국가고시에도 까다롭고 이례적인 사례들이 나온다.

많은 이들은 존 그리샴 John Grisham의 장편 소설을 원작으로 한 영화 「레인메이커 The Rainmaker」를 보고 법학을 전공하려고 결심한다. 이 영화에서 신출내기 변호사는 백혈병으로 죽어 가는 아이를 둔 어머니를 변호한다. 압도적인 힘을 가진 의료보험 회사에 맞서, 노련하고 냉혹한 동료 법조인 집단에 맞서 싸운다. 그는 결국 재판에서 승리하고 어머니와 아이를 위해 5,000만 달러를 쟁취한다.

이 모든 것은 판사와 변호사의 직업적 일상과는 대단히 상반된다. 그들의 일상 업무에서 대부분의 사례는 다음 도식을 따른다. A가 B의 차를 뒤에서 들이받아 범퍼가 망가진다. B는 범퍼를 새것으로 교체하기를 원한다. 물론 교통사고가 다는 아니다. 그러나 국제 비즈니스 로펌에서도 최고 중 최고의 인력들이 계약서를 검토하고, 전화 회의에 매달리고, 메모를 읽거나 쓰느라 대부분의 시간을 보낸다. 영화나 드라마 같은 사례는 존재하지 않는다. 현실을 모사하려면 영화 「레인메이커」 외에 변호사가 90분 동안 책상에 앉아 서류를 뒤적이는 영화 1만 편이 필요하리라.

다른 직업들에서도 상황은 다르지 않다. 사회 초년생들은 직장 생활이 교육과 매체를 통해 접한 것과 얼마나 다른지 경험하고 충격에 빠진다. 이들은 정상적 상태에 익숙해지는 대신 괴로워하며, 자기가 잘못된 직업을 얻었다고 확신한다.

하지만 세상에는 단 두 종류의 업무만이 있다. 하나는 **지루한** 업무고, 다른 하나는 **지루해지는** 업무다.

보험금 청구서를 검토하는 일, 월급을 입금하는 일, 술집 테이블에서 술을 건네거나 환자의 흉곽을 청진하는 일에 무슨 스릴이 있겠는가? 이러한 일들은 결코 흥미로워 **보이지** 않는다. 그것들이 흥미진진하고 파란만장하고 도전 의식을 불러일으키는 양 구는 것은 웃기는 일이다. 대부분 직업의 일상은 시시하고 단조롭다. 특별한 기술이 없는 사람의 일이든 박사 학위를 받은 사람의 일이든 관계없다. 모두에게 그렇다.

어떤 업무들은 적어도 흥미로워 **보인다.** 가령 비행기를 조종하는 일, 심장 수술을 집도하는 일, 라이브 방송을 진행하는 일 등. 이러한 일들은 흥미롭고 도전 의식을 불러일으킬 수도 있다. 적어도 처음에는 말이다. 이틀째부터는 익숙함이 더 커진다. 심리학에서는 이를 거창하게 '습관화 Habituation'라고 부른다. 우리가 태어나기도 전에 이미 습관화를 경험한다는 점을 증명하는 인상적인 실험이 있다. 엄마 배 속에 있는 아기들에게 경적 소리를 들려준다. 처음에 아기들은 움찔한다. 그러나 두 번째에는 벌써 반응이 약해지고, 실험을 반복할 때마다 아기들은 경적 소리를 점점 지겨워한다.

우리가 하는 모든 일이 그렇다. 처음 반복할 때 벌써 흥미가 줄어든다. 20년간 결혼 생활을 한 모든 이들 그리고 2개월간 결혼 생활을 한 많은 이들이 아는 사실이다. 우리는 유독 직장 생활에 있어서만은 인간 존재의 일반적 원리가 적용되지 않는다고 믿고 있다.

그러면서도 우리는 습관화의 힘을 누구보다 잘 알 뿐 아니라 심지어 그것을 신뢰하기까지 한다. 익숙해진다는 것은 축복이기도 하기 때문이다. 즉 습관화를 통해 우리는 여러 가지를 배울 수 있다. 앞에서 언급한 비행기 조종사와 간호사를 떠올려 보라. 우리는 루틴에 따라 '눈 감고도' 업무를 처리하는 사람들을 믿는다. 또한 우리는 우리 주위에 그러한 사람들이 있다는 것을 안다. 막 도전을 눈 앞에 둔 사람들이 도처에 가득하다면 사회는 무너지리라. 흔히 주장하듯 직원들이 '도전에 맞서고' 있다면 어떤 회사도 제대로 굴러가지 않으리라. 달리 말하면, 우리는 루틴에 의지하고 있지만 그 누구도 루틴을 수행하고 싶어 하지는 않는 것이다.

여기에 더해 우리는 관료주의를 숨긴다. 오늘날 서식, 신청서, 보고서, 계산서 때문에 자신의 '본래 일을 할 수가 없다.'고 불평하지 않는 이가 어디 있는가? 관료주의에서는 모든 업무가 관리 대상이다. 업무가 시스템에 편입되는 즉시 — 모든 직업상 업무가 그렇다 — 우리는 다른 이들과 협의하고 다른 이들에게 알리고 다른 이들로부터 알림을 받아야 한다. 보고서, 회의록, 서식, 신청서, 예산 계획서, 이 모든 것은 '본래 일'을 못 하게 방해하는 것이 아니다. 그것은 일의 **일부다**.

모두가 자신이 맡은 업무에 비해 '높은 수준의 능력'을 갖췄다고 한탄한다. 높은 수준의 능력이란 곧 단순한 업무에 필요한 것보다 많은 지식과 역량을 뜻한다. 하지만 이는 정상이다. 어떤 일이 훌륭히 이루어지려면 지식과 능력의 완충 장치가 필요하다. 이따금 한계에 부닥치는 것은 기분 전환을 위해 환영할 만하지만, 계속해서 과중한 부담을 바라는 이는 아무도 없을 것이다.

우리가 머릿속에 떠올리는 일에 대한 이미지는 대학 교육이나 직업 교육에서 수년간 배운 **모든 것을 계속해서** 쏟아 붓는 직업, 우리의 능력을 전부 다 활용해야 하는 직업이다. 그 이상도 이하도 아니다. 하지만 그러한 직업의 모습이 어떻겠는가? 그 조건에 맞는 업무상은 꿈에서도 결코 찾아볼 수 없는 경우가 많다.

이제 하나의 물음이 남는다. 직장 생활의 일상이 주로 루틴으로 이루어진다면 왜 많은 이들이 스트레스를 받는다고 말할까? 여기엔 두 가지 이유가 있다. 우선 정말로 스트레스를 받는 사람들이 있다. 그리고 스트레스를 받는 척하는 사람들이 있다.

첫 번째 그룹, 스트레스를 **받는** 사람들을 보자. 단순하고 일상적인 업무만으로도 많은 스트레스를 받게 할 수 있다. 그저 업무를 넉넉히 주기만 하면 된다. 보험사가 '손해 사정' 부서를 절반 크기로 감축한다고 일이 더 까다로워지지는 않는다. 남은 사람들의 책상 위에 서류의 산더미가 두 배 높이로 쌓일 뿐이다. 그러면 스트레스가 생긴다. 그리고 우리는 도전에 부닥친다. 하지만 이 도전은 질적인 것이 아닌 양적인 것이고, 순수하게 과중한 업무량으로 인한 부담이다. 두 사람이 할 일을 한 사람이 하니까. 이러한 착취를, 모두가 동경하는 '도전'으로 위장하는 것은 뻔뻔스러운 짓이다.

두 번째 그룹, 스트레스를 받는 **척하는** 사람들을 보자. 실제 직업 활동을 하는 다수의 사람들에게 문제는 **과중한** 업무가 아니라 **여유로운** 업무다. 지루함으로 인한 괴로움을 뜻하는 '보어아웃Boreout'이 '번아웃Burnout'의 반대 개념으로 오래전에 자리를 잡았다. 월요일 오전에 페이스북에 로그인해 보면 사람들이 일로 인한 과중한 부담에 시달린다는 인상은 받지 못한다.

하지만 오늘날 업무가 과중하지 않고 여유롭다는 것

은 터부에 가깝다. 업무가 과중하다는 것은 시크하며, 소위 우리의 중요성을 보여 주기 때문이다. 반대로 업무가 여유롭다는 것은 흠결이여, 소위 우리의 무가치함을 보여 준다.

내가 변호사 시보이던 시절에 사수가 한 명 있었는데 그의 책상에는 서류가 산더미처럼 쌓여 있었다. 한번은 사수가 아파서 내가 그의 일을 대신 맡아야 했다. 나는 미숙했음에도 몇 시간 안에 그 건들을 다 처리할 수 있었다. 전부 일상적인 업무였다. "왜 전에 미리 일을 처리하지 않으신 거죠?" 내가 사수에게 물었다. "서류가 산더미처럼 쌓여 있지 않으면 방이 더 쾌적하지 않나요?" 그러자 그는 목소리를 낮춰 "미쳤군." 하고 쏘아 대며 문을 닫았다. "그러면 모두가 내게 할 일이 하나도 없다고 생각할 거 아냐."

이 일화는 딜레마를 보여 준다. 즉 루틴이 터부시된다면 우리는 루틴을 드러내면 안 된다. 우리가 떠받치는 일의 이미지에 부응하기 위해 우리는 스트레스를 받지 않는데도 스트레스를 받는 척해야 한다. 그러나 스트레스를 받는 척하는 것은 스트레스보다 더 고될 수 있다.

자유롭게 무언가 만들어 낸다

가령 빵집에서 일하는 사람을 떠올려 보자. 빵집은 크고 우중충하며, 직원이 많지만 언제나 빵은 그보다 더 많다. 그는 매일 새벽 3시에 일어나 어둠과 추위를 뚫고 차를 몰아 출근을 한다. 그리고 4시 정각에 첫 번째 빵 반죽을 오븐판에 올린다. 이어서 다음 빵 반죽이 차례차례 그 뒤를 잇는다. 전부 똑같은 무게, 똑같은 크기, 똑같은 모양이다. 몇 시간 후 이 사람은 집으로 돌아온다. 그리고 아침이 다시 밝아오기 전에 또 자명종이 울린다.

여기서 세 가지 질문.

1. 이 사람은 일을 하며 무언가를 만들어 내는가?
2. 이 사람의 일에 의미가 있는가?
3. 일이 이 사람에게 자아실현을 제공하는가?

'만들어 내다Gestaltung, 의미Sinn, 자아실현Selbstver-

오늘 일은 끝!

wirklichung'은 무거운 단어들이지만, 일이 이 모든 것을 제공해야 한다는 것은 오늘날 합의된 생각인 듯하다. 무언가를 '만들어 낼' 수 있다는 약속은 모든 구인광고에 빠지지 않는다. 구인광고에서 컨베이어 벨트 작업은 '많은 창조적 자유'를 제공한다고 나온다. 의미에 대한 물음은 특히 신세대 사회 초년생들을 몰아댄다. 기업들은 그에 발맞춰 '의미 있는 일'이라는 표현으로 지원자를 끌어들인다. 하지만 이것만으로는 충분치 않다. 우리는 일에서 자아실현도 해야 한다.

이러한 단어들을 접할 때 우리는 오븐판에 그램 단위로 정확히 반죽을 올리는 누군가를 떠올리지는 않는다. 그렇지만 앞의 세 가지 질문에 순서대로 답해 보자.

첫 번째 질문, 만들어 낸다.

이 사람이 무언가를 만들어 낸다는 것은 자명하다. 그는 지침에 따라 일하며, 기준에서 1그램이나 1밀리미터도 벗어나면 안 되는지도 모른다. 하지만 그는 자신의 손으로 일하면서 전에 없던 제품을 만들어 낸다.

그러면 '만들어 낸다'는 게 도대체 무엇일까? 그것은 어떤 상태를 의도적으로 바꾼다는 뜻이다. 무언가를 이전과 달라지게 하는 모든 의식적 행위가 세상을 만들어 나간다.

구체적으로 들어가 보자. 생산에 참여하는 모든 이는 그것이 빵이든 두통약이든 책이든 콘돔이든 무언가를 만들어 낸다. 비육체적 업무 또한 무언가를 만들어 낸다는 점은 같다. 대출을 해 주는 은행원은 고객의 가능성을 확장해 준다. 잔디를 깎는 정원사는 정원의 상태를 바꾼다. 파트타임으로 일하며 납세고지서에 우표를 붙이는 사람은 국가와 시민 사이 관계를 정리한다.

이러한 요건에 맞지 **않는** 일, **아무것도** 만들어 내지 않는 일을 찾기란 매우 어렵다. 사실상 모든 활동은 세상에 있는 어떤 것들의 상태를 바꾼다. 세상 **전체**는 아니더라도 말이다. 또한 모든 행위에는 그것을 수행하는 사람의 개성이 반영된다. 그 행위가 **빡빡한** 규정을 따라야 하더라도 말이다. 자신의 개성을 일에 조금도 반영하지 **않기**란 불가능하다.

그럼에도 왜 많은 이들이 자신의 일에 '창조적 자유'가 없다고 불평할까?

우리가 '만들어 낸다'라는 단어를 달리 해석하면서 그 기준점을 교묘히 이동시켜 버렸기 때문이다. 오늘날 우리에게 '만들어 낸다'라는 말은 더 이상 빵 굽는 행위를 뜻하지 않는다. 오히려 우리 머릿속에 떠오르는 크기, 형태, 내용물 **그대로** 자유롭게 빵 굽는 행위를 뜻한다.

'만들어 낸다'라는 말을 할 때 그것은 더 이상 무언가를 창조한다거나 그 밖에 큰 규모든 작은 규모든 어떤 상태를 바꾼다는 뜻이 아니다. 오히려 그것은 **자기 자신**이 품은 생각을 실행한다는 뜻이다. 일이나 그 결과가 문제가 아니라 '우리 자신'이 문제인 것이다. 우리는 '창조적 자유'라는 말을 이렇게 이해한다, 각자 모든 것을 스스로 결정할 수 있어야 한다고.

그야말로 목가적인 환상이 아닐 수 없다. 이런 환상은 비현실적이다. 모두가 알지 않는가. 세상 온갖 곳 중 하필 직장이란 곳은, 특히 큰 조직에서는, 자유를 펼치고 개인이 품은 생각을 스스럼없이 실현하는 것과 가장 거리가 멀다는 사실을.

일찍이 나는 자유를 그렇게 이해하는 게 망상이라는 것을 배울 기회가 있었다. 이 사례는 별 대단한 건 아니지만 시사하는 바가 크다.

나는 사장에게 파일 저장소를 개편할 것을 제안했다. 무슨 세상을 바꾸자는 소리가 아니었다. 공동 서버의 문서명을 다른 방식으로 지정하면 업무 보기가 더 수월할 것이라 생각했다. 사장은 나를 한쪽으로 데려갔다.

"생각해 보면 수백만 가지 가능성이 있지. 우리의 목표를 달성하기 위해 여러 가능성을 고려할 수 있고 말이야. 내가 자네 동료 10명에게 묻는다면 각자 전부 다른 생각을 말하지. 하지만 저장소가 제대로 운영되려면 우리 모두가 똑같은 방법을 사용해야 하네. 그 때문에 반드시 누군가는 규칙을 정해야 하는 법이고. 완전히 자의적으로 말이야. 그게 내가 하는 일이네. 사장은 나니까."

이 대화는 민낯의 진실을 똑똑히 보여 준다. 일에서 모두가 자기 생각을 실현하는 것 자체가 사실상 불가능하다. 우연하게도 **모두가** 똑같은 생각을 가진 게 아니라면 말이다.

물론 직장에서 자신의 생각과 계획을 실행하는 경우도 있다. 가령 직급이 높을수록 자신이 옳다고 여기는 대로 결정을 내릴 수 있고, 결정을 내려야만 한다. 많은 '일반' 직원이 기업을 바꾸는 아이디어를 내기도 한다.

그렇다고 내가 여기서 구성원을 **불필요하게** 통제하고 폭압하는 것을 좋은 리더십으로 여기는 조직들을 변호하려는 것은 아니다. 현명한 사람은 자유를 추구하는 인간의 본성을 이해하고 이런 면을 이용한다. 인간이 기계처럼 버튼을 조작할 다음 순간을 기다릴 때보다 자신의 사고력을 활용할 때 더 잘 일한다는 생각은 널리 퍼져 있다. 현대 조직은 가능한 경우 구성원에게 자기 결정을 위한 합리적 자유를 허용한다. 직장 생활에서 절대로 자기 것을 실행할 수 없다는 이야기가 아니다.

다만 일이란 기본적으로 모든 사람이 계속 자기 생각을 펼치는 것이 **아니라는** 사실을 속여서는 안 된다. 그러면 모든 기업은 혼돈에 빠질 것이다. 타부서, 절차, 고객, 결정, 규정. 옹졸하게 직원을 들볶지 않는 모범적인 조직에서조차도 우리는 이러한 제약에 부닥친다. 직장 생활을 하다 보면 우리는 전체 시스템에 스스로를 맞추고, 다른 이들과 의견을 조정하고, 지시사항을 수행하게 된다.

커피를 타는 인턴에게 이는 분명한 사실이리라. 하지만 이사회도 맡은 바 일을 수행하는 기관일 뿐이다. 얼마나 많은 톱매니저가 '전략적 발전에 대한 견해 차이'를 이유로 기업과 **갈라서는지** 보면 기업 수뇌부에게조차도 자유가 별로 없다는 점을 알 수 있다.

모두가 기업주의 위임을 받아 일한다. 무엇을 할지는 기업주 혼자 망설이며 결정한다. 왜냐하면 이 게임 아닌 게임에는 오직 그의 돈만 걸려 있기 때문이다. 심지어 기업주도 무한한 자유만 가진 것은 아니며 법적 제약이나 시장의 제약 등 여러 제약들에 부닥친다. 사업이 잘 풀리면 의뢰가 들어오고 의뢰인이 찾아온다. 의뢰나 의뢰인은 '자극'이나 '자극을 주는 사람'이 아니다. 기업가도 돈을 벌려면 지시와 요구에 따라야 한다.

우리가 '창조적'이라 부르는 직업에서도 상황은 결코 다르지 않다. 어느 포토그래퍼의 머릿속에는 환상으로 가득한 이미지가 들어 있을지 모른다. 하지만 이 사람은 자신의 상급자나 의뢰인이 머릿속에 떠올리는 이미지를 제공해야 한다. 자기 자신의 착상은 퇴근 후에야 실현할 수 있다. 취미로 말이다.

조직에서는 지시와 수행, 위계와 복종, 상하 관계가 중요하다. 모두가 그저 자신이 하고 싶은 일을 할 수는 없다. 이러한 생각은 매력적이지 않으므로 아무도 말하지 않지만 말이다.

기꺼이 지시에만 따르려는 사람은 아무도 없다. 어떤 경영진도 지시를 통해 조직을 이끌고 싶어 하지 않는다. 그것은 구닥다리 방식으로 여겨진다. 그 결과 우리는 모든 조직에 결정을 내리는 사람이 있고, 그 결정을 실행으로 옮기는 사람이 있다는 점을 무시한다.

기업 내부의 많은 문제는 누가 누구에게 무엇을 말해야 하는지가 불분명하다는 점, 그리고 누구도 감히 그것을 분명히 하지 못한다는 점에서 비롯한다. 우리는 모두가 동일한 권한을 가지고 나란히 서 있는 것처럼 행동한다. 수위와 이사회 의장이 구별 없이 '공동의 목표를 추구하는' 하나의 '팀'인 양.

경영진은 "우리 직원 슈미트 씨가 그 일을 맡아 처리할 겁니다."라고 말하지 않고, "우리 **동료**[4] 슈미트 씨가 그 일을 맡아 처리할 겁니다."라고 말한다.

누군가가 무언가를 '지시'하려고 들면 사회 초년생들에게서도 거센 저항이 인다. 경영진은 공공의 적이 된다. 그렇지만 조직을 이끌려면 언젠가는 시대에 뒤떨어진 일, 달갑지 않은 일을 해야 한다. 누군가는 무엇을 할지 결정을 내려야 하기 때문이다. 그래서 많은 이는 이렇게 말한다.

"직장에서 짜증나는 딱 하나, 그건 바로 우리 사장이야."

그렇지만 우리가 일에서 부닥치게 되는 제약은 중요하다. 오히려 제약이 없다면 걱정해야 할 것이다. 왜냐하면 우리는 다른 이와 상호작용할 때, 타인의 이해(利害)를 건드릴 때만 제약과 맞닥뜨리기 때문이다. 우리의 행위가

---

4 독일어에서 동료 Kollege는 직원 Mitarbeiter보다 수평적 관계를 뜻하는 표현이다. (옮긴이)

오늘 일은 끝!

우리 자신을 벗어나는 의미를 지닐 때, **사회적으로 중요할** 때 말이다.

여러분은 집에서 침대에 누워 휴지에 '2+3=7'을 끼적거리고 이 작품을 서랍 속에 넣을 수 있다. 그러면서 아무런 제약 없이 자유를 누릴 수 있다. 아무도 여러분에게 참견하지 않을 것이다. 아무도 여러분에게 지시를 내리지 않을 것이다. 아무도 여러분을 교정하지 않을 것이다. 사회적으로 중요한 일이 아니니까.

우리 자신 외에는 다른 아무것도 중요하지 않은 곳에서만 우리는 자유롭다. 자유와 사회적 중요성은 서로를 배격한다.

일에서 내 삶의 의미를 찾는다

이제 두 번째 질문을 살펴보자. 빵 굽는 사람의 일에 의미가 있는가?

그 대답 또한 자명하다. 먹는 일은 기본 욕구이고 빵은 기본 식량이다. 어딘가 다른 곳에서는 빵이 없어 사람들이 죽기도 한다. 그러므로 빵 굽는 사람은 삶을 선사하는 것과 같다. 이보다 의미 있는 일은 상상할 수 없을 것이다.

의미 있는 일의 특징은 무엇일까?

무언가를 만들어 낸다는 사실만으로는 충분하지 않다. 추가적인 전제조건이 충족되어야 한다. 내가 만들어 내는 것이 사회적 기능을 실현해야 하고, 다른 사람들에게 유용한 뭔가를 제공해야 하는 것이다. 한마디로 타인의 욕구를 만족시켜야 한다. 내가 집에서, 오직 나만을 위해, 방정식 '2+3=7'을 적는다면 빵을 구울 때와 마찬가지로 무언가 만들어 내는 것은 사실이다. 그러나 빵만이 사회에서 타인의 욕구를 만족시킨다.

오늘 일은 끝!

이 문제 또한 구체적으로 들어가 보자. 쓰레기차를 운전하는 사람은 집과 거리를 살기 좋게 유지하는 데 기여한다. 치아 스케일링 일정을 잡아 주는 사람은 질병 예방에 기여한다. 책을 파는 사람은 문화를 전달하며 사람들이 교양을 쌓고 즐거움을 느끼는 데 기여한다.

우리는 사회에 해만 끼치는 일을 의미 있다고 여기지 않는다. 하지만 오늘날 그런 일이 어디에 있는가? 사형 집행인과 고문 담당관은 이제 없다. 현대의 법질서는 '그 자체로 공공에 해를 끼치는' 직업을 배척한다. 소매치기는 직업의 자유라는 기본법으로 자신의 '일'을 정당화할 수 없다. 사실상 시장에서 존립하는 허가된 제품 및 서비스는 전부 의미 있는 일의 기준에 부합한다. 그것들은 인간의 욕구를 만족시키므로 사회적 기능을 실현한다.

인간의 다양한 욕구는 숨쉬기, 먹기, 마시기를 넘어 멀리 뻗어 나간다. 몇 가지를 나열해 보자면 인정, 운동, 교양, 성실, 기쁨, 안정, 조화, 창조성, 호기심, 질서, 평온, 성(性), 놀이, 영성, 오락, 이해, 소속감 등이 있다. 이러한 욕구 중 어느 것이 결핍되어 계속 충족되지 않는다면 사회는 행복할 수 없다. 의미란 생존에 국한되지 않는다.

생존이 보장된 **후에** 의미는 한층 더 화려하게 펼쳐진다. 그것은 먹고 숨을 쉬는 것 이상이다. 축구 선수는 긴장감 넘치는 경쟁을 통해 다른 이들의 욕구를 만족시킨다. 화장품을 파는 사람은 아름다움과 개성을 향한 사람들의 욕구를 만족시킨다. 장신구나 비싼 스마트폰 같은 사치품을 만들어 내는 사람은 인정과 소속감을 향한 사람들의 욕구를 만족시킨다.

물론 전부 세부적으로 파고들 수 있다. 이미 수백 가지 샤워젤이 있는데 우리에게 또 다른 샤워젤이 필요할까? 소비 비판적 시각에서 볼 때 사회는 많은 (부가적인) 것들을 포기할 수도 있으리라. 하지만 그렇다고 이것들이 '의미 없다'거나 아무런 사회적 기능도 하지 않는다는 뜻은 아니다. 그렇다면 석기시대 이래로 생겨난 모든 것이 '의미 없을' 것이다. 예전부터 인간은 그것들 없이도 잘 지내왔으니까.

물론 컴퓨터 게임이 발명되지 않았다면 우리는 그것을 그리워하지도 않았을 것이다. 집이 무엇인지 몰랐기에

동굴 속에 살던 혈거인들이 집을 그리워하지 않았을 것처럼. 그럼에도 컴퓨터 게임은 인간의 아주 오래된 유희 본능, 즉 컴퓨터 게임 산업이 있든 없든 관계없이 우리 모두가 가지고 있던 욕구를 만족시킨다. 어떤 이들은 보드게임으로, 다른 이들은 종이 뭉치를 쓰레기통에 던져 넣으면서, 또 다른 이들은 소비와 완전히 무관하게 '수수께끼' 게임을 하면서 그 욕구를 만족시킨다. 기분 전환과 호기심, 다양한 선택지 중 하나를 고를 수 있는 가능성 또한 인간의 욕구에 해당하며 그것을 무시할 경우 우리는 불행해질 수 있다. 컴퓨터 게임은 우리에게 욕구를 만족시킬 수 있는 부가적인 가능성을 열어 준다. 그리고 그 가능성을 활용하는 이에게 어떤 기능을 수행한다. 누구에게도 중요하지 않은 것만이 정말로 의미가 없다고 할 수 있다. 그것은 찾는 이가 없어 사라져 버린다.

그럼 우리가 일의 '의미'를 두고 요란을 떠는 일이 무슨 소용이 있을까? 빵집의 사례에서 제빵사가 "나는 오븐판에 반죽을 올리는 일에서 **의미**를 찾을 수 없어."라고 말한다면 이를 어떻게 설명할 것인가?

우리는 현실적인 것에, 우리가 만족할 수 있을 만한 것에 그치지 않았다. 우리는 '의미'를 너무 높은 곳에 두었다. 오늘날 많은 이는 더 이상 숨쉬기, 먹기, 마시기 같은 절대적 기본 욕구를 충족시키는 것, 다시 말해 제약회사, 빵집 또는 수도 사업소 등에서 일하는 것으로는 결코 만족하지 않는다.

세상을 거창하게 바꾸는 일만이 '의미 있어' 보인다. 그것도 가능한 한 비영리적으로 말이다. 가령 단번에 그리고 영구히 모든 전쟁을 멈추는 일, 암을 자연적으로 치유하며 다른 목적으로 남용할 수 없는 약을 발명하고 전 세계에 무료로 제공하는 일, 감당할 만한 가격의 태양전지를 만들어 에너지 문제를 해결하는 일, 그것이 무엇이 되었든 아프리카에서 뭔가 하는 일. 그러니까 지구의 운명이 우리 손에 달려 있지 않은 한, 어떤 일은 '의미 있다'고 하기에는 사소하고 또 사소해 보인다.

이러한 사고방식은 세계화의 영향 때문일지도 모른다. 하지만 개인이 개별 행위로 세상을 바꿀 수 있는 직업은 **없다.** 그러한 힘은 누구도 가지지 않았다. 그런 사람이 있

오늘 일은 끝!

다면, 그가 누구인가에 따라 그것은 다행스러운 일이거나 유감스러운 일일 것이다.

한편으로 우리는 가치가 큰 일들을 평가절하한다. 우간다에 학교를 세우거나 덴 하그의 국제형사재판소에 전범들을 세우는 일이 의미 있다는 데 이의를 제기하는 사람은 소수일 것이다. 그러나 우리가 그에 견줄 만한 일들을, 그것이 보다 가깝고, 일반적이고, 일상적이라는 이유로 뒷전으로 밀어낸다는 점은 심히 우려스럽다. 가령 우간다가 아닌 슈투트가르트에서 아이들에게 읽는 법을 가르치는 일, 하노버에서 시간제 근무를 하는 검사로서 정의를 위해 노력하는 일 말이다. 금전적 보상을 받는다고 해서 일이 그 의미를 잃는 것도 아니다. 의미 있는 일이란 공익단체의 전매품이 아니다.

의미라고 하면 우리는 거창한 것들을 떠올린다. 그러면서 우리 자신의 행위가 위대하다는 것을 인식하지 못하게 되었다.

일을 통해 자아실현을 한다

빵집 사례의 세 번째 질문으로 가 보자. 오븐판에 빵 반죽을 올리는 사람은 일을 통해 자아를 실현하는가?

이 질문에는 함정이 있다. 나는 그에 대답하는 데 필요한 정보를 여러분에게 주지 않았다.

자아실현, 이는 무언가를 만들어 내는 것 **그 이상**이고, 의미 있는 일을 하는 것 **그 이상**이다. 우리가 '만들어 낸다'나 '의미'라는 말을 굉장히 고차원적인 것으로 이해한다고 하더라도 말이다.

빵을 내 마음대로 **굽더라도**, 우간다에 학교를 **세우더라도**, 내가 바로 **그것을** 내 존재의 사명으로 여기는 경우에만 자아를 실현하는 것이라 할 수 있다. 일을 통해 자아실현을 하기 위해서는 그 일이 나의 동경과 인생 목표에 전적으로 부합해야 한다. 자아실현이란 자기 일에서 사회를 위한 의미를 발견할 뿐 아니라, **스스로의 인생에서** 의미를 발견한다는 뜻이다.

이것은 매우 높은 목표다. 이 목표에 도달하려면 세 가지가 필요하다. 첫째, 나의 인생 목표가 무엇인지 알아야 한다. 둘째, 그에 부합하는 직업상을 찾아야 한다. 그것도 타협 없이. 그렇지 않으면 '실현'이라 할 수 없으니까. 셋째, 내 삶의 형편이 그 직업을 선택하고 수행하는 것을 허락해야 한다.

이것은 동적인 과정이다. 왜냐하면 인생의 목표와 삶의 형편은 변하며, 세 가지 전제조건 모두가 계속해서 새로이 충족되어야 하기 때문이다. 그 결과 많은 이들은 쉼 없이 골몰하고 답을 구한다. 이게 **정말로** (여전히) 내가 원하는 걸까?

어떤 사람들은 적어도 한동안은 목표에 도달한다. 이들은 자신의 일에서 인생의 의미를 발견한다. 그러나 열정의 문제에서처럼 이는 일반적인 경우가 아니다. 대부분의 경우 '자아'는 직업과 융합되지 **않는다**. 예로 제시한 빵굽는 사람이 일을 통해 자아실현을 하는지 못 하는지 우리는 알 수 없다. 왜냐하면 우리는 그의 인생 목표와 동경이 무엇인지 모르기 때문이다.

사실 둘 중 어디에 속하든 상관없기도 하다. 둘 다 똑같은 가치를 지녔고 만족할 수 있는 인생 계획이니까. 한 그룹은 일에서, 다른 그룹은 가족이나 취미 또는 인생이 제공하는 다채로운 측면에서, 뒤섞임과 변화에서 인생의 의미를 발견한다. 이때 좋은 것은 모든 삶의 영역을 아우르는 넓은 시야를 가지게 된다는 것이다. 만약 나의 '자아'가 나의 일과 동일하다면, 퇴근 후 나는 무엇이겠는가? 은퇴 후 나는 무엇이겠는가? 내가 일자리를 잃으면 무엇이 남겠는가?

그럼에도 우리는 **모두가** 일로 자아를 실현하는 것, 자기 일에서 인생의 의미를 발견하는 것이 정상일 뿐 아니라 필수인 양 행동한다.

우리는 이런 말을 듣는다. 인간을 위해 일이 만들어졌지, 일을 위해 인간이 만들어진 게 아니라고. 우리가 긴 시간을 일을 하며 보낸다는 이유만으로 많은 이들이 그런 결론을 이끌어 낸다. 일은 우리 인생의 큰 부분을 차지한다. 맞는 말이다. 잠도 마찬가지다. 그러니 편안히 잠자리에 눕는 것은 의미가 있다. 하지만 많은 시간을 자면서 보낸다는 이유만으로 잠에서 인생의 의미를 찾는 사람은 극

소수다.

우리가 일하며 보내는 시간이 길다는 점은, 우리가 직장에서 스스로를 기계나 수용수처럼 느끼면 안 된다는 요구 역시 정당화하는 근거가 된다. 우리가 직장을 인간적인 곳으로 유지해야 한다는 요구 말이다. 공동의 시간을 불필요하게 불편하게 보내지 않도록 고용주와 피고용인은 함께 책임을 진다. 하지만 일하며 보내는 시간의 양만 가지고 일이 그것을 하는 사람을 위해 **만들어졌다고**, 인생의 사명이 일에 있다고 결론짓는 것은 논리적으로 설득력이 없다.

그럼에도 일은 인간을 위해 **존재한다**. 우리는 먹기 위해 제빵 일을 만들어 냈다. 시장과 돈은 빵 굽는 사람이 빵을 구움으로써 동시에 생계를 유지할 수 있게 해 준다. 그는 자신이 만든 빵을 통해 집세를 내고, 옷을 사고, 딸을 어린이집에 보낼 수 있다. 일은 한편으로는 다른 이들에게 필요한 것들을 제공해 주는 활동이면서, 동시에 그 일을 하는 사람에게 생활의 토대가 되어 준다.

하지만 인간이 처음 제빵 일을 만들어 낼 때 중요하게

고려하지 **않은** 생각이 하나 있다. 빵 굽는 사람에게 즐거운 소일거리, 자아실현, 인생의 의미를 마련해 준다는 생각이 그것이다. 그런데도 우리는 인간이 고삐 풀린 망아지마냥 날뛸 수 있도록, 자아를 실현할 수 있도록 직장 생활이라는 서커스가 상연되는 것인 양 거짓된 환상을 품는다. 마치 고객이 아니라 점원이 갈망하는 바를 만족시키기 위해 상점이 운영되는 것처럼 말이다.

때때로 기업들은 이러한 생각을 지지한다. 이러한 생각이 권력 격차를 만들어 내기 때문이다. 기업이 직원에게 자아실현, 인생의 의미와 같은 이상을 선사한다면, 직원은 기업에 감사하고 또 감사해야 마땅하다. 일을 주는 이(고용주)와 일을 받는 이(피고용인), 둘 중 누가 누구에게 봉사하는 것일까? '인생의 의미' 테제를 따른다면 그 대답은 뒤집히며, 일을 주는 이는 의미를 주는 이가 된다. 그는 아마 자신이 제공하는 의미를 계산하여 장부에 달아 놓을 것이다. 몇몇 기업은 직원들의 헌신에 대해 형편없는 대가를 지불하거나 아무런 대가도 지불하지 않는다. 자신들이 의미를 제공하지 않느냐고 웃으며 말이다.

하지만 직원들에게 인생의 의미를 약속하는 고용주는 자기 자신 그리고 자신의 능력을 감동적으로 과대평가하고 있는 것이다. 자신의 '자아'란 오직 스스로만 찾을 수 있다. 일이 인생에 의미를 불어넣을 것이라고 **약속하는** 것은, 일이 인생에 의미를 부여할 것이라 **기대하는** 것만큼이나 부당하다.

나는 회사에서 중요한 사람이다

한번은 직장에 다닐 때 휴가를 간 적이 있다. 휴가를 앞두고 사장은 어떻게 하면 내게 연락할 수 있느냐고 물었다. 나는 "연락은 전혀 못 받습니다."라고 답했다. 내가 여행을 가는 지방은 현대의 통신수단을 여전히 받아들이지 않는 드문 곳이었기 때문이다.

사장은 나를 못마땅하게 쳐다보며 툴툴거렸다. "뭐, 세상이 멸망하진 않을 테지." 내가 대꾸했다. "그건 제가 확신할 수 없는데요. 사실 세상은 언제든 멸망할 수 있으니까요. 하지만 만약 제가 세상을 구할 수 있는 유일한 사람이라면, 제 연봉에 대해 다시 한 번 얘기해 보죠."

이 짧은 대화는 직장 생활에 대한 또 하나의 거짓된 환상을 폭로한다. 우리 모두는 이런 말을 듣는다.

"네가 중요해. 네가 차이를 만드는 거야! 너 없이는 아무것도 안 돼."

이런 말은 깊이 잠재되어 있는 인간적 욕구를 건드린다. 중요한 사람이 되려는 욕구가 그것이다. 이는 우리·모두에게 주입된 욕구다. 자기는 "뒷전에 물러나 있기를 좋아한다."고 강조하는 사람들이 특히 그렇다.

직장 생활에서 듣게 되는 이런 말들은 우리 귀에 아주 달콤하게 들려오므로 우리는 그것을 캐묻지 않는다. 자기가 중요하지 않은 사람이라는 증거를 찾아다니려는 이가 어디 있겠는가?

많은 이들은 자신이 속한 조직이 세계적 사건에서 아주 중요한 의미를 지닌다고 확신한다. 또한 자기가 조직 내에서 아주 중요한 의미를 지닌다고 굳게 믿는다. 이들은 휴가 중일 때나 침대 속에서도 이메일을 보낸다. 자기 없이는 지구가 폭발할 것이라 믿으며 말이다. 그러나 일요일 아침에 일어나는 일 중 긴급한 조치가 필요한 문제는 거의 없다. 대부분의 문제는 금요일에 일어났고/일어났거나 월요일에 해결할 수 있다.

우리는 '끊임없는 연락 대기 상태라는 저주'를 쇼하듯 한탄한다. 스마트폰을 꺼 놓을 수 있으면서도 말이다. 사실 우리는 연락 대기 상태를 **원한다.** 일요일 아침에 나를 찾는 중요한 연락이 오기를 원한다. 이 게임을 함께하는 사람들은 자신이 중요한 사람이라고 여긴다. 그래서 고용주나 피고용인이나 둘 다 이 게임을 유지하고 있다.

"네가 중요해."라는 메시지가 틀린 것은 아니다. 정확히는 "네 **일**이 중요해."가 맞다. 책상 한 곳이 비거나 식당 종업원 한 명이 결근하면 많은 업체에서 업무가 엉망진창이 되어 버린다. 좋은 조직에서는 모든 업무가 톱니바퀴처럼 맞물려 돌아간다. 아무리 작은 업무라도 무언가 빠지면 전체 장치가 삐그덕거린다.

다만, **누가** 그 일을 처리하는지는 아무래도 상관없다. 모든 **업무**가 중요하다. 하지만 모든 **사람**은 대체 가능하다. 누구도 중요하지 않다. 이것이 직장 생활의 진실이다. 이 진실은 중요한 사람이고 싶어 하는 우리의 욕구를 짓밟아 버린다. 하지만 그렇다 해도 그것이 참이라는 사실에는 변함이 없다.

우리가 자신을 실제보다 중요한 사람으로 여기고 싶어 하는 게 나쁜 것일까? 하지만 우리는 늘 그러지 않는가? 우리의 자존감을 위해 꼭 필요한 일이 아닌가? 어느 정도는 그렇다. 그럼에도 직장 생활에서 "네가 중요해."라는 달콤한 말은 두 가지 위험을 감춘다.

첫째, 실제로는 자기가 그렇게 중요하지 않다는 것을 경험하게 될 때 실망을 느낄 위험이 있다. 둘째, 자기를 헌신하려는 경향에 빠질 위험이 있다. 자기헌신은 양쪽에 화를 불러온다.

먼저 실망을 살펴보자. 모든 사람이 대체 가능하다는 사실을 어떤 이는 일찍이 고통스럽게 깨달으며, 어떤 이는 뒤늦게 고통스럽게 깨닫는다. 어떤 이들은 휴가 중에 이틀간 이메일을 읽지 않았는데 회사가 잘 돌아갈 때 각성에 이른다. 경쟁사의 스카우트 제의를 받고 이를 알리고자 사장에게 갔는데, 잔류 협상 대신 이런 말을 들을 때도 그렇다. "우리 회사를 떠난다니 아쉽군요. 하지만 이해합니다. 제의를 편하게 받아들이세요."

어떤 이들은 은퇴 후에야 눈이 트인다. 오늘 자신이 하던 일을 내일이면 다른 사람이 하고, 아무 일도 없었다는 듯 세상이 계속 돌아가는 것이다. 혹은, 더 끔찍한 경우도 있다. '추후 폐지 예정'이라는 딱지가 붙으면 내 보직이 폐

지되고 대체자 없이 사라져 버릴 수 있다. 그런데도 일은 별 영향 없이 잘 돌아간다.

"네가 중요해."라는 고백과 특히 모순되는 것은 팀 작업에 대한 찬양이다. 이 찬양은 오늘날 모든 조직이 하나의 '팀'이라는 생각에서 출발한다. 크리스마스 파티에서는 모두를 한데 묶어 '환상적인 팀'에게 감사의 말을 전한다.

이 넓은 의미의 팀은 이른바 동료와 동의어다. 이 집합 개념은 하나의 경향성을 보여 준다. 개개인은 중요하지 않다는 것이다. 한 명이 두드러지는 것, 개인의 성과가 눈에 띄는 것, 누군가 찬양 또는 비판을 받는 것이야말로 바람직하지 **않다**. 가령 수위보다 이사가 조직의 성공에 더 기여했다(혹은 그 반대이거나)는 사실은 이야기되지 않는다.

이러한 경향은 어떤 그룹이 공동의 임무를 맡아 좁은 의미의 팀 작업을 할 때 정점에 이른다. 가령 '기획안을 만들어라, 브레인스토밍을 해라, 행사를 준비해라, 혹은 단순히 탕비실을 정리해라.' 등 좁은 의미의 팀 작업은 관심과 인정을 받으려는 강력한 인간적 욕구와 상반된다.

대부분의 사람들은 팀 작업이 너무 적어서가 아니라

너무 많아서 괴로워한다. "네가 중요해."라는 말은 듣지만 평소 일할 때는 개인으로 인식되지 않아서, 자신이 구체적으로 무엇을 하는지가 상사에게 전달되지 않아서, 자신의 실적이 인정받지 않아서 괴로워하는 것이다.

이러한 통찰은 새로운 것이 아니다. 더 자세히 말하자면, 이미 1882년에 프랑스 농업공학자 막시밀리앙 링겔만Maximilien Ringelmann이 실험으로 이를 밝혀냈다. 링겔만은 남자들에게 줄다리기를 시켰다. 한번은 혼자, 한번은 7명에게 줄을 당기게 하고 그 힘을 측정했다. 그런데 7명이 당긴 힘은 그중 각각 한 명이 당긴 힘의 일곱 배가 아니었다. 개인이 발휘하는 능력의 4분의 1 이상이 팀 작업에서는 손실되었다. 사람들 사이의 조율 문제 때문이었을까, 아니면 동기 저하 때문이었을까?

거의 100년 후 심리학자들은 이 문제를 해명하기 위해 아이디어를 냈다. 심리학자들은 피험자들의 눈을 가린 후 다른 이들과 함께 줄을 당기는 거라고만 **이야기했다.** 팀 작업이라고 속이는 것만으로도 당기는 힘이 줄어들었다. 이 경우 조율 문제는 관계가 없었기 때문에 나올 수 있는 결론은 단 하나였다. 즉 팀 작업이 '동기를 약화시킨' 것이다.

이 실험은 최근에 신체적 활동뿐 아니라 비신체적 활동에서도 증명되었다. 심리학에서는 이 현상에 '사회적 태만'이라는 이름을 붙였다. 팀 작업은 사람을 불행하게 할 뿐 아니라 게으르게 만들기도 한다. 개개인의 기여도가 커피 속 각설탕처럼 녹아 버리는, 줄다리기 방식의 팀 작업에서 그런 현상이 나타난다. 우리가 지금 좁은 의미의 팀 작업이라 부르는 것 말이다.

자신의 일이 블랙박스 속에서 사라져 버리고 자기가 아무런 영향을 미칠 수 없는 무언가가 그곳에서 나온다는 데 만족할 사람이 누가 있겠는가? 이런 의미에서 팀 작업은 단순히 현대의 컨베이어 벨트 작업이 아니다. 그보다 더 나쁘다고 할 수도 있다. 컨베이어 벨트에서는 각자가 명확한 임무를 가지고 있다. 누군가가 빠지면 생산이 중단된다. 개인은 성과로 측정되고 그에 따라 칭찬 또는 질책을 받는다. 반면에 좁은 의미의 팀 작업에서는 모두가 모든 것을 한다. 혹은 모두가 아무것도 하지 않는다.

피고용인에게도, 고용주에게도 팀 작업은 이상적인 작

업 방식이 아니다. 그럼에도 현대의 직장은 팀 작업 없이는 돌아가지 않는다. "네가 중요해"와는 정말 아무 상관이 없다. 그에 대해 우리가 평소에 느끼는 실망은 결코 작지 않다.

둘째, 자기헌신을 살펴보자. 사람은 자신이 중요한 사람이라는 망상이 클수록 많은 시간을 근무하는 법이다. 대체 불가능한 사람은 '곤경에 처한' 자신의 조직을 내버려 두어서는 안 되기 때문이다. 그래서 많은 이들이 자신의 인생을 바친다. 어떤 이들에게는 그런 일이 단 2년에 그친다. 하지만 그 2년은 그토록 야근을 많이 하지 않았더라면 결혼 생활을 파탄에서 구해 낼 수 있었을 시간이다. 아직 혼자 자는 법을 배우지 못한 아이를 재워 줄 수 있었을 시간이다.

많은 사람들이 앞으로 올 대가를 바라며 몸 바쳐 일한다. 그리고 고용주가 자신에게 마땅히 감사해야 한다고 생각한다. 언젠가 고용주가 적절한 보상으로 고마움을 표할 거라고 생각하는 것이다. 보다 많은 돈, 보다 많은 경력으로. 아니면 단순히 계약 연장이나 정규직 전환 정도로 말이다. 하지만 대다수 고용주는 결코 모두를 계속 고용할 수 없다. 그러므로 기대했던 보상 대신 해고 통지가 온다.

바랐던 보상이 오지 않으면 사람은 망가질 수 있다. 의료사회학자 요하네스 지그리스트Johannes Siegrist는 이를 '노력-보상 불균형'이라 일컫는다. 이러한 실망은 인간을 냉소적으로 만들고, 원망하게 만들고, 병들게 만든다.

학자들은 심근경색, 우울증, 암이 직장 생활에서 품은 기대가 실망으로 바뀌는 것과 관련이 있다고 본다. "배은 망덕은 세상이 돌아가는 이치다."라는 격언을 내면화한 사람은 인간을 싫어하게 된다.

병든 사람은 더 이상 일할 수 없다. 냉소적으로 변한 사람은 더 이상 일하기를 **원하지** 않는다. 그런 사람은 마음속으로 사직서를 내고, 업무를 중단하고, 대가 없이 하던 일을 철회한다. 경제적인 관점에서 그 사람은 고용주에게 재앙이 된다. 자기희생은 희생하는 당사자에게만 해를 입히지 않는다. 따라서 "네가 중요해" 전략을 결코 고용주의 '착취'라 규정할 수 없다. 그것은 둘 다 지는 게임Lose-Lose-Situation이다. "네가 중요해."라는 말이 그런 상황을 불러온다.

우리를 불행의 구렁텅이에 빠뜨리는 것은 우리가 대체 가능하다는 사실이 아니라 우리가 대체 불가능하다는 믿음이다.

좋은 사람들과 함께 일한다

젊은이들이 직업과 관련해 품는 첫 번째 소망은 '사람들과 교류하는 것'이다. 그들은 자신이 편집자가 될지, 물리치료사가 될지, 아니면 전기기사가 될지 알지 못한다. 그러나 자신이 어쨌든 사람들과의 교류를 원한다는 것만은 일찍이, 그리고 확실히 안다.

주변 사람들은 우리 인생을 풍요롭게 하거나 황폐하게 하고, 우리를 자극하거나 지루하게 하고, 즐겁게 하거나 슬프게 한다. 행복에 관한 숱한 연구가 있다. 많은 차이점에도 불구하고 그 연구들은 한 가지 결론에서는 모두 일치한다. 고독은 사람을 슬프게 하고, 타인과의 교류는 행복을 키운다는 것이 그것이다.

무직자는 공동체로부터 단절되었기에 우울해한다. 단순히 일과 시간 동안에 말할 상대가 없기 때문만은 아니다. 사적으로도 접촉이 끊긴다. 살아가려면 돈이 필요하며, 퇴근 후조차 많은 것들이 일을 중심으로 돌아가는 세상에서 아웃사이더가 되는 것이다.

따라서 모든 고용주는 약속한다. 우리 회사에서는 사람들과 교류할 수 있습니다! 우리 회사는 '분위기'가 좋습니다.

과거에는 이런 사람들을 흔히 '젊고 역동적인 팀'이라 일컬었다. 둔한 늙은이들과 옥신각신하려는 이가 누가 있겠는가? 그러다 어느 땐가 사람들은 직장에 젊은이만 있는 게 아니라는 것, 그리고 젊은이만이 일할 수 있고 유익한 '분위기'를 만들 수 있는 것처럼 보는 데에는 차별의 소지가 있다는 것을 깨달았다. '젊은 팀'은 법정에 서는 신세가 되었고 그런 표현을 쓰는 구인광고는 위험한 것이 되었다.

남은 것은 '역동적인' '친절한' '개방적인' '현대적인' '흥미진진한' '적극적인' '스마트한' 같은 속성이다. 물론 이러한 속성들은 '젊은'과 똑같은 문제를 품고 있다. 왜냐하면 졸려 보이고, 뻔뻔하고, 악의적이고, 수심 가득하고, 구식이고, 우둔하고, 게으르고, 하품이 나올 만큼 지루한 사람들도 있기 때문이다. 사교성이라곤 없는 진상들 말이다. 이들이 어디에서도 일하지 않는다면 과연 무엇으로 먹고살겠는가?

우리는 직장과 직장 사람들을 현실적으로 묘사하고 싶어 하지 않는다. 오히려 이를 피한다는 것이 보다 분명한 사실이다. 그러니 우리가 하고많은 중에 직장에서 호감 가는 캐릭터들의 엄선된 앙상블과 마주치는 양 서로를 속이는 모습은 놀랍기 그지없다.

하지만 많은 고용주는 주장을 굽히지 않는다. 자기가 멋진 사람들만 끌어모으고 선발하고 고용한다고 확신한다. 어쩌면 그런 조직들이 있을지도 모른다. 그러나 규모가 커질수록 그럴 확률은 현격히 줄어든다.

게다가 우리는 직장에서 동료들만 상대하는 것이 아니다. 많은 직업에서는 '외부 세상'과의 접촉이 중요한 역할을 한다. 그리고 '사람들과 교류'하기를 갈망하는 많은 이들은 그러한 접촉을 염두에 둔다. 이 경우 사업 파트너, 고객, 외부 고문 등 사람들이 주위에 북적거린다. 그리고 전화 회의로도 사람들과 접촉한다. 그들 역시 '개방적'이고 '역동적'이고 '친절한' 것만은 아니다. 그들 또한 전체 인구 스펙트럼과 똑같은 구성을 보인다.

직장에 좋은 사람들이 있다는 사실을 부정하는 이는 아무도 없을 것이다. 많은 우정과 결혼이 직장에서 싹튼다. 그러나 일로 연결되는 사람 가운데 대부분은 우리가 스스로 선택한 사람이 아니다. 직장과 연관된 사람들과는 괴로운 일이 있어도 어쩔 수 없이 접촉해야 한다. 함께 있으면 마음이 편한 게 아니라 말이 통하지 않고 스트레스를 받고 신경질이 나지만 말이다.

현실적으로 직장에는 좋은 사람이 있을 수도 있고 그렇지 않을 수도 있다. **그것**이 인생이다. 인생이라는 옷은 인간관계라는 옷감으로 짜여 있다. 우리는 상대방에 자신을 투영하고, 상대방과 마찰을 경험하고, 상대방 고유의 사용설명서를 해독한다. 상대방과 꼭 결혼할 필요도 없고 상대방을 너무 진지하게 대할 필요도 없지만, 우리는 상대방을 통해 성장할 수 있다. 그리고 이로써 자기 자신의 사용설명서를 자꾸만 업데이트해 나간다. 이것이 바로 많은 이가 엉뚱한 곳에서 헛되이 찾는 진정한 도전이다. 점잖든 천박하든 사람들과 잘 지내는 것, 이것이 우리 인생의 과제다. 그리고 직장에서도 인생은 계속된다.

4장

자기가 맡은
일만 하는 사람

있어 보이게 연출하는 것을 포기하면
시간과 에너지를 해방하고,
그 시간과 에너지는 인생에
마법 같은 매력을 선사한다.

여러분은 전설적인 병원 청소부들의 이야기를 아는
가? 동기 부여 전문가들은 '그저 자기가 맡은 일만 하는
게 아니라' 소명을 따르며 일하는 사람들의 본보기를 제
시하고 싶을 때 그들의 이야기를 꺼낸다.

미국의 한 연구팀이 병원에서 청소 일을 하는 사람들
을 인터뷰한 적이 있었다. 그 결과 상당수는 단순히 자기
가 맡은 일을 하고 있었다. 청소를 한 것이다. 그런데 그렇
지 않은 사람도 있었다. 이들은 자신이 맡은 일의 정의를
제멋대로 바꿔 놓았다. 환자들을 돌보고, 환자들을 위해

춤을 추고, 환자들을 웃게 하고, 환자들이 검사를 두려워하지 않게 하고, 자신들의 그림을 벽에 걸었다. 이들은 방문객과 수다를 떨고 안내원 역할을 했다.

두 번째 그룹에 해당하는 사람들은 열정적이고 헌신적으로 — 그게 당연하지 않겠는가 — 업무를 수행했다. 동기 부여 전문가들은 단조로운 일을 성취감과 인생의 의미를 부여하는 일로 탈바꿈하는 것, 자신의 일을 가지고 그 유명한 사례처럼 차이를 만들어 내는 것이 그토록 쉽다고 말한다.

연구에 참여한 에이미 브제스니에프스키 Amy Wrzesniewski 는 이것을 '잡 크래프팅 job crafting'이라 일컫는다. 즉 단순히 내게 주어진 규정된 업무를 처리하는 게 아니라 스스로 자신의 업무를 만들어 나가는 것이다. 메시지는 이렇다. 청소부들이 고정된 업무 규정을 가지고 새롭게 업무를 만들어 나갈 수 있다면 누구든 그럴 수 있다. 모두가 그래야 하며, 고용주는 모두에게 그럴 기회를 주어야 한다.

그렇다면 청소부들이 환자를 돌보는 데 대해 아무도 뭐라고 할 수 없다. 그것은 굉장히 멋진 일이다. 청소부들이 **본래** 업무인 청소를 소홀히 하지 않는 한 말이다. 흥미롭게도 이 문제를 파고든 이는 아무도 없다. '일반적인' 병원 청소부들과 비교했을 때 그 '멋진' 병원 청소부들이 본래 업무인 청소를 얼마나 잘 처리하는지 우리는 모른다. 그럼에도 그들은 스타다.

사람들은 이 이야기를 통해 다음과 같이 말하고 싶어 한다. '자기가 맡은 일만 하는 사람은 바보다. 그들은 루틴을 따르지만, 다른 이들은 차이를 만든다.'

하지만 들여다보면, 사실은 정반대다. 틈틈이 춤을 추는 몇몇 청소부가 없더라도 병원은 잘 굴러갈 것이다. 분위기는 덜 생기발랄할지도 모르지만 말이다. 하지만 '오직' 자기 일인 청소만 하는 다수의 청소부가 없다면 병원은 사흘도 못 버틸 것이다. 위생은 병원과 환자에게 생존의 문제다. 환자의 생명을 유지하고 병원을 돌아가게 하는 것은 **춤추는** 청소부가 아니라 **청소하는** 청소부다. 자신의 통상적 업무를 통상적으로 처리하는 일반적인 사람들이다.

이 사람들이 매일 차이를 만든다. 0과 100 사이에서 말이다. 그러나 이들은 통계에서 우려스러운 집단으로 간주된다. 에이미 브제스니에프스키는 직원을 세 범주로 분류한다. 첫 번째 범주는 자기 일을 '소명'으로서 수행하는 이들이다. 춤추는 병원 청소부들이 여기에 속한다. 자기 일을 '커리어'로 보는 사람들은 두 번째 그룹에 해당한다. 이들은 성공을 원한다. 나머지 대다수는 가련한 세 번째 범주에 속한다. 이들에게 자기 일은 '직업'이다. 이들은 출근하고, 업무를 처리하고, 퇴근한다.

갤럽 또한 직원들을 '몰입도 지수'에 따라 세 그룹으로 구분한다. 첫 번째 그룹의 사람들은 자신의 고용주와 긴밀하게 감정적으로 결합되어 있으며 열과 성과 지혜를 다한다. 두 번째 그룹은 적극적으로 회사에 반대해 일하며 회사에 해를 입히려 한다. 이 사람들은 어차피 가망이 없다. 갤럽 역시 직장에서의 문제를 세 번째 부류에서 찾는다. 이 부류는 압도적 다수이며 노동 인구의 약 70퍼센트를 차지한다. 이들은 ― 나쁜 표현이 나오니 주의하라 ― 그저 '규정에 따른 근무'를 한다. 이 표현 앞에는 '그저'라는 말이 절대 빠져서는 안 된다. 부정적 면모를 드러내는 수식어로서 말이다.

그에 따라 직장에서는 '수평적 사고의 소유자'를 찾고 이들을 찬양한다. 물론 모든 조직에는 수평적 사고의 소유자 **또한** 필요하다. 우리가 부딪히는 벽은 때때로 정해진 길을 벗어날 때만 극복할 수 있기 때문이다. 하지만 일상적인 직장 업무 중 압도적 다수를 가장 잘 처리하는 것은 수직적 사고방식에 통달한 사람이다.

자동차 제조사는, 요즘 말로 하자면, 자동차를 '새롭게 생각하는' 사람을 필요로 한다. 그러나 새로운 생각을 하는 소수는 완전히 기존 방식으로 계획에 따라 엄격히 자동차를 조립하는 다수의 사람이 없이는 아무런 가치도 없다.

우리 사회를 지탱하는 것은 몇몇 수평적 사고의 소유자가 아니라 매일 수직적 사고를 하고 수직적으로 행동하는 다수다. 경제에 숨결을 불어넣는 것은 바로 그들이다. 비전을 선포하는 일, 뭔가 있어 보이게 연출하는 일, 요란하게 파워포인트 프레젠테이션을 하는 일, 획기적인 목표를 선언하는 일, 킥오프 미팅에서 플래그십 프로젝트를 시작하는 일은 굉장해 보이는 일들이다. 하지만 모든 조직은 다수의 사람이 그런 일을 하지 **않고** 평범한 일을 할 때에만 돌아갈 수 있다.

나는 우리 사회가 매일 '그저 자기 일을 하는' 사람들을 다루는 방식이 참을 수 없게 느껴지곤 한다. 이들은 부정적 예로 언급된다. 이제 지금껏 배척받던 규정에 따른 근무를 복권시킬 때가 되었다. 마땅히 할 일을 하는 것이 뭐가 잘못되었단 말인가? 직장에서 빈둥대며 시간을 보내고 일을 피하는 것, 물론 이는 잘못된 것이다. 하지만 하루하루 맡은 바 임무를 수행하는 사람들이 무시를 당하고, 최악의 경우 경멸까지 받는 것은 온당치 못하다. 과소평가를 받는 이런 사람들이 없다면 모든 조직은 끝장날 것이다.

"규정대로 근무하는 사람은 이러저러한 사람보다 덜 헌신적이다……." 우리는 이런 말을 자주 듣곤 한다. 그렇다면 '규정에 따른 근무'의 반대는 대체 무엇이란 말인가? 규정에 반하는 근무? 모를 일이다. 어쨌거나 다른 사람보다 덜 헌신적이라는 말, 어쩌면 그 말이 맞을지도 모른다. 그런데 우리는 무엇을 기준으로 업무의 질을 평가하려는 걸까? 얼마나 **헌신적으로** 업무를 처리했는지인가, 아니면 얼마나 **잘** 업무를 처리했는지인가? 우리 주변에는 엄청나게 헌신적으로 일하지만 실적은 미미한 이들이 있다. 어디에나 있다. 그런데 어떤 이들은 소처럼 일하지 않고도 훌륭히 업무를 소화해 낸다. 사람들은 이를 능력과 효율성이라 부른다.

하지만 일반적인 노력으로 좋은 성과를 달성할 수 있다는 생각은 오늘날까지 좀처럼 받아들여지지 않고 있다. '나인 투 파이브 직장nine to five job'을 가진 사람들은 조롱을 당하고, 퇴근 시간을 넘기며 오래도록 '헌신하는' 사람들은 숭배를 받는다. 밤 10시에 보내는 이메일은 아침 10시에 보내는 이메일보다 중요하다고 생각한다. 이때 우리는 다음과 같은 사실을 간과한다. 누군가가 퇴근 시간 후에 어떤 업무를 처리했다면 이는 우선 그 사람이 일과 시간 중에 그 업무를 처리하지 **않았다**는 뜻이다. 그것은 칭찬할 일이 아니다. 어쩌면 그 사람에게 부과된 업무가 한 사람이 하루에 처리할 수 있는 것보다 많아 어쩔 수 없었는지도 모른다. 이런 상황은 바람직하지 않다. 하지만 어쩌면 그 사람이 업무 계획을 느슨하게 짰고, 다른 이들이 규정대로 업무를 수행하는 동안 9시와 5시 사이 시간을 빈둥대며 보냈을지도 모른다. 단순히 누군가가 밤늦게까지 일한다는 사실만 가지고는 그 사람이 업무를 잘하는지 못하는지 판단할 수 없다.

그런데 병원 청소부에 대한 연구가 우리에게 주는 메시지에 따르면 '그저 자기 일만 하는' 사람은 암울하지 않은가?

이것도 열정이나 자아실현의 경우와 마찬가지다. 이런 사람도 있고 저런 사람도 있다. 많은 사람들은 행복하게 살아가며, 충분히 그럴 만하다. 이들은 자기 일을 정해진 시간에 세심하고 확실하게 처리한다. 이들은 효율적이다. 이들은 일하는 상황을 연출하는 대신 일을 한다. 이러한 생각으로 이들은 정시에 퇴근한다. 많은 이들이 알지 못하는 이 느낌은 기대 밖의 만족을 줄 수 있다. 있어 보이게 연출하는 것을 포기하면 시간과 에너지를 해방하고, 그 시간과 에너지는 인생에 마법 같은 매력을 선사한다.

규정대로 일하는 직업 때문에 괴로워하는 사람들도 있

다. 인정한다. 그러나 사회가 그들을 어떻게 취급하는지 보면 놀랍지 않은가? 청소부가 청소만 잘하고 춤추지 않는 게 문제라고 훈계하는 것을 보면 놀랍지 않은가? 그들이 통계적 오점이라는 것, 그들이 하는 일이 막중한 가치를 지니는데도 제대로 평가받지 못하는 것이 놀랍지 않은가?

5장

시간과 돈의
정직한 교환

공정한 사람은 고용주로 하여금
자기 임금을 책임지게 하지,
자기 인생을 책임지게 하지는 않는다.

　우리가 일에 대한 터무니없는 망상으로부터 해방된다면 무엇이 남을까? 시간과 돈의 교환이 그것이다. 무해하고 미니멀리즘적인 것 같지만, 엄청난 논쟁의 여지가 있는 표현이다.

　따라서 많은 이들이 그것을 부인한다. "사람이 돈 때문에 일하지는 않아." 혹은 보다 묵시록처럼 표현하자면 "오직 돈을 위해 일하는 이여, 동정할지어다."라고.

　이는 우리의 주의를 다른 곳으로 돌리기 위한 작전이다. 우리가 돈 때문에 일한다는 것은 너무나도 분명한 **사**

실이기 때문이다. 더 나아가 일이 개인에게 의미가 있는지 없는지, 그리고 의미가 있다면 그것이 어떤 의미인지는 각자가 스스로 결정할 수 있다. 반면 돈은 모두가 동의할 수 있는 이유다. 의미, 자아실현, 재미에 관해 숱한 이야기를 늘어놓는 이는 아마도 정당한 금전적 대가에 관해 이야기하기는 꺼릴 것이다. 하지만 이 근본적 문제가 해명되지 않는 한, 우리 모두는 다른 주제에 초점을 두기를 거부해야 한다.

호텔 경영자인 보도 얀센 Bodo Janssen은 어느 인터뷰에서 한 호텔 직원과 했던 대화를 묘사한 적이 있다. 직원은 얀센에게 이렇게 물었다.

"우리 회사는 아프리카에 학교를 세우는 일에 기부를 하는데, 저는 수입이 빠듯해 1년에 한 번 딸과 휴가도 못 갈 정도예요. 어떻게 이런 일이 있을 수 있죠?"

이 질문은 그에게 무엇이 올바른 순서인지 똑똑히 알려 주었다고 한다. 직원들의 기본 욕구가 충족되지 않으면 다른 부차적인 일은 전부 아무 소용이 없다. 보도 얀센에게 이 사건은 '일반 직원의 임금을 더 큰 폭으로 올리는'

계기가 되었다. 그는 수습생들과 킬리만자로를 등반하기도 한다. 우선순위가 맞다면 문제될 게 전혀 없다. 하지만 만약 나머지 기간 동안 낮은 임금을 받는다면 그 누구도 킬리만자로 등반에 환호하지 않을 것이다.

독일경제연구소는 매년 약 3만 명의 독일인을 대상으로 그들의 생활 조건 그리고 자기 일에 대한 만족도를 묻는다. 이것이 그 유명한 '사회경제 패널'이다.《프랑크푸르터 알게마이네 차이퉁Frankfurter Allgemeine Zeitung》은 최근 그중 한 결과를 발표했다. 이에 따르면 자기 일에 특히 만족하는 직업으로는 교수, 회사 임원, 변호사가 있었다. 특히 불만족한 직업으로는 창고 노동자, 화가, 트럭 운전사가 있었다.

여기에서 수수께끼.
사람으로 하여금 자기 일에 만족하게 하는 것은 무엇일까?

자유, 의미, 도전일까? 우리는 변호사와 회사 임원이 창고 노동자보다 많은 자유를 누릴 것이라 충분히 추측할 수 있다. 하지만 사실은 전혀 그렇지 않다. 한번 변호사들에게 물어보라. 금요일 저녁에(창고 노동자가 쉬고 있는 시간에) 의뢰인이 월요일까지 중요한 계약서의 초안을 작성해야 한다고 할 때 자신이 얼마나 자유롭다고 느낄지 말이다. 아니면 회사 임원들에게 물어보라. 일요일에(창고 노동자가 쉬고 있는 시간에) 분기 목표를 달성하지 못했다는 연락을 받는다면 어떻겠는지 말이다. 그러나 이것은 확실하다. 괜찮은 보수, 많은 경우 심지어 어마어마한 보수를 받는 직업은 만족도 순위에서 상위권에 있다. 적은 돈을 위해 뼈 빠지게 일하는 직업은 하위권에 모여 있다. 다른 해석을 찾는 것은 위선적이다.(이 설문 조사에는 그 밖에 또 한 가지 눈에 띄는 점이 있는데, 그에 관해서는 다음 장에서 이야기하자.)

우리가 일을 시간과 돈의 교환으로 본다면, 이 교환이 정당한지에 모든 것이 달려 있다. 고용주와 피고용인, 양쪽 모두 여기에 책임이 있다. 교환은 상호 거래다.

먼저 고용주 쪽. 적절한 보수를 지급하는 고용주만이

오늘 일은 끝!

직원들에게 진실을 말할 수 있다. "지루한 루틴 업무를 산더미같이 쌓아 줄게. **그러니** 월급을 조금 줄 거야." 이런 소리는 설득력이 없다. 반대로 일에 대해 정당한 대가를 지불하는 고용주는 자신의 의무를 다한 것이다. 이런 고용주라면 직원의 인생에 의미, 성취감, 재미를 제공해야 한다는 기대를 따르지 않아도 된다. 직원들에게 정당한 보수를 지불하는 기업일수록 일을 미화하려는 압박이 덜하다.

적절한 보수란 다음과 같다.

전일제 근무를 하는 사람은 일로 먹고살 수 있어야 한다. 자기 자신과 가족의 주거와 양식을 해결하기 위해 밤에 두세 가지 부업에 매달려야만 한다면 옳지 않다.

동일한 능력을 갖췄고 동일한 일을 수행하는 사람은 동일한 수준의 임금을 받아야 한다. 이때, 누군가가 동일한 능력을 갖췄고 동일한 일을 수행하는지 **여부**는 객관적 기준으로 평가해야 한다.

한 사람 몫의 임금을 받는 사람은 **한 사람 몫**의 노동력으로 일할 의무가 있다. 동료 두 명이 해고되어 남은 한 명이 세 사람 몫의 일을 하는 것은 문제가 있다.

일에 대한 보상은 지금 당장 이루어져야 한다. 미래에 대한 막연한 약속은 보상이 아니다. 너무도 많은 이가 듣는 소리. "언젠가 전부 보상해 주겠네. 언젠가 승진 또는 연봉 인상이 있을 거네. 아니면 둘 다." 승진한 이가 심심치 않게 맞닥뜨리는 통보. "이제 일단 직함도 생기고 책임도 맡게 되었군. 여기 새 명함일세. 멋지지, 응? 연봉 인상 얘기는 나중에 하지. 내년이나 내후년에." 그러나 약속처럼 커리어 사다리를 높이 오르고 연봉 수준이 껑충 뛰는 사람은 소수뿐이다. 그 밖의 모든 사람은 자신이 결코 오지 않을 날에 대한 감언이설에 넘어갔다는 것을 깨닫는다.

이제 피고용인 쪽. 솔직함을 받아들일 수 있는 사람만이 솔직함을 요구할 자격이 있다. 공정한 사람은 고용주로 하여금 자기 **임금**을 책임지게 하지, 자기 **인생**을 책임지게 하지는 않는다. 거꾸로 그는 고용주에게 자기 인생을 제공하는 게 아니라, 약속된 범위에서 자기 노동력을 제공하면 된다.

공정한 피고용인은 양심적으로 일한다. 일할 때는 일을 하지 자리에 앉아 빈둥대지 않는다. 그것이 성실한 태도다. 너무도 많은 이가 월급을 받는 업무 시간을 개인 용무를 보는 데 사용한다. 페이스북을 보고, 신발을 주문하고, 이베이 프로필을 장식하느라 공을 들인다. 이런 사람들을 나는 이해할 수 없다. 이 책은 일 거부자와 태업자를 부드럽게 대하는 데 찬성하지 않는다. 피고용인으로서 고용주를 이용해 먹는 사람은, 피고용인을 이용해 먹는 고용주만큼이나 비난받아 마땅하다.

6장

일에 대한
환상을
걷어 낸 세상

우리는 한껏 고생하고
또 고생하려고 일하는 걸까?

　이 책을 시작하며 이야기했던 마법의 구슬 이야기로 돌아가 보자. 마법의 구슬은 성취감, 재미, 의미를 가져다주고, 이 구슬을 사는 사람은 전혀 돈을 낼 필요가 없으며 오히려 돈을 **받는다**. 나는 이 이야기를 2015년 여름에《슈피겔 온라인 Spiegel Online》에 실었다. 많은 사람이 뜨거운 반응을 보였다.

　"바로 그거야. 일이 아니라 우리가 일에 관해 이야기하는 거짓된 헛소리가 우리를 좌절에 빠뜨리는 거야."

　그런데 어떤 여자가 이메일로 이의를 제기했다. "맙소

사. 선생님은 끔찍한 세상에 사시는군요." 그녀는 직원들로 하여금 열정을 '불태우게' 하라고 기업들에 조언하는 회사의 홍보 담당자였다. 마찬가지로 라디오 방송국에서는 자꾸만 내게 묻고 또 묻는다. "우리는 일에 가장 심하게 시달릴 때 일을 가장 잘하지 않나요?"

내가 그리는 세상은 얼마나 끔찍한가? 우리는 한껏 고생하고 또 고생하려고 일하는 걸까? 직장에서 기쁨을 느낀다는 것은 하나의 경고 신호일까? 노력하지 말고, 야근하지 말고, 있는 듯 없는 듯 대충 일해야 하는 걸까?

당연히 그렇지 않다. 나는 만족이 금지된 직장 생활을 이상화하지 않는다. 우리는 어린 시절 꿈을 실현해 트럭 운전사가 되는 외과의사, 환자를 위해 춤추는 병원 청소부들을 보고 흐뭇해한다. 출근한다는 생각에 아침이면 침대 속에서 환호성을 외치는 모든 이들을 보고 흐뭇해한다.

그것이 **나쁘다**는 게 아니다. 나쁜 것, 내가 비판하려는 것은 다른 것이다. 우리가 그런 상태를 **정상**인 양 보는 것, 사회가 그런 상태를 척도로 삼아 찬양하고 매일 다수가 그 척도를 맞추지 못해 좌절한다는 것이 나쁜 것이다. '네가 일에서 진심으로 성취감을 느끼지 **않는다면**, 네가 일에 열정을 불태우지 **않는다면**, 네 일이 너 '자신'이 **아니라면**, 무언가 문제가 있는 것이다. 그렇다면 네 인생에 하나의 중요한 활력 징후가 빠진 것이다.'라는 생각, 이게 나쁜 것이다.

앞서 언급한, 내 테제에 대한 반응들은 우리가 지나치게 극단에만 집중한다는 점을 보여 준다. 한쪽에는 젊고, 능력 있고, 독립적이어서 날마다 10개의 새로운 일자리를 찾을 수 있을 몇몇 사람이 있다. 직업이 라이프스타일의 대상인 사람들. 세련된 사무실에서 성공 가도를 달리고 자기 명함을 자신과 동일시하는 사람들. 이들은, 적어도 밖에서 보면, 우리가 유포하는 이상에 매우 근접해 있다. 만약 이들이 자기 인생에 만족한다면(보기처럼 확실한 것은 아니다.) 이 사람들에게는 무언가 변화를 줄 이유가 없다. 하지만 이들은 다수의 노동 인구 중 극히 일부다.

다른 한쪽에는 생기 없이 일하며 날마다 괴로워하는 사람들이 있다. 이들이야말로 진짜 눈물을 흘리는 사람들이다. 이들은 아침에 겨우겨우 일어나려 안간힘을 다해야 한다. 이들은 아무리 해도 의미를 발견할 수 없는 흔치 않은 직장에 다닌다. 직장에서 인간이 아닌 금수에게 둘러싸여 있다. 경영진이 아니라 괴롭히기 전문가들 밑에서 일한다. 일은 이들을 병들게 하거나 깊은 불행에 빠뜨린다. 그리고 불행은 이들의 인생으로 퍼진다. 일은 이들의 파트너 관계, 가족, 취미를 갉아먹고 이들의 생각, 느낌, 행동에 독소를 퍼뜨린다. 이 사람들에게는 **반드시** 어떠한 변화가 필요하다. 이들에게는 새로운 직장이, 어쩌면 의사의 도움이 **필요하다.** 이 그룹 역시 소수를 이룬다.

그러나 환호와 눈물 사이에는 여러 층위가 있다. 압도적 다수가 그 중간에서 부유하고 있다. 이 사람들은 자신의 직장 생활에 **문제가 없다**고 생각한다. 이들은 아침에 자명종이 울릴 때 가만히 누워 있을지도 모른다. 그러나 이들에게 출근은 끔찍하게 싫은 일도 아니다. 직장 동료가 절친한 친구는 아니지만, 이들은 직장에서 사람들과 교류하기를 좋아한다. 이들은 평소에 역량을 전부 발휘할 필요는 없지만, 자신이 받은 교육에 부합하는, 자기 본연의 방식으로 업무를 본다. 이들은 자신의 일이 생명을 구하는 것은 아니지만, 자신이 무언가 결과를 가져온다는 점을 안다. 이들은 지시를 받아 일하지만, 자신이 하는 업무에 개인적으로 점수를 매긴다. 이들은 부리나케 복도를 뛰어다니지도, 컨베이어 벨트에서 초과 근무를 하지도 않는다. 게다가 업무 성과를 두고 뭐라고 하는 사람은 아무도 없다. 이들의 연봉은 부자가 될 정도는 아니지만, 적절한 수준이다. 이들의 일과 이들 '자신'은 완전히 일치하지 않지만, 이들의 개성과 하는 일 사이에는 교집합이 존재한다. 이들은 자기 일이 흥미롭다고 생각하지만, 다른 많은 일에도 흥미를 가진다. 인생은 친구, 가족, 여가 등 다양한 영역에서 이들에게 성취감을 제공한다. 일은 하나의 모자이크 조각이다.

앞선 장에서 나는 독일경제연구소의 설문 조사를 언급했다. 조사 문항 중 하나는 '자기 일에 얼마나 만족하는가?'이다. 설문에 답하는 사람은 1(불만족)부터 10(만족)까지 숫자로 만족도를 나타낸다. 만족도 순위 맨 위에는 대학교수가, 맨 아래에는 창고 노동자가 있다.

이제 세세한 부분을 들여다보자. 두 극단의 만족도 점

수 차이가 어느 정도일 것 같은가? 10점과 1점? 9점와 2점? 8점과 3점? 아니. 대학교수는 7.71점, 창고 노동자는 6.71점이다. 1점부터 10점까지 있으면, 그중 단 1점이 직장에서 가장 행복한 이들과 가장 불행한 이들을 가르는 것이다. 다른 모든 직업은 그 사이에, 더 촘촘히 붙어 있다. 이 직업들에 종사하는 사람들에게 일은 큰 행복도, 큰 성취감도, 인생의 큰 의미도 아니다. 하지만 이들은 자기 일에 **매우 만족한다.** 독일에서 일하는 거의 모든 이들의 감정 상태가 그러하다.

그럼에도 이들 중 다수는 불행하다. 일 때문이 아니라 사회가 끊임없이 주입하는 말, 무언가 문제가 있다는 말 때문이다. 이들은 무언가를 바꾸고, 찾아보고, 더 찾아보고, 시험해 보아야 한다. 진심으로 성취감을 느끼는 일, 자신과 동일시하는 일, 큰 애정과 열정을 쏟아부을 일을 찾을 때까지 말이다.

이제 이 책의 시작 부분에서 언급한 두 가지 예외 중 두 번째 것을 이야기할 때가 되었다. 여러분은 어떤 느낌을 유발하는 단어들이 기억나는가? 원칙적으로 단어는 동사형일 때나 명사형일 때나 비슷한 느낌을 불러일으킨다고, 가령 '빌리기'와 '빌리다'는 부정적인 느낌을, '여행'과 '여행하다'는 긍정적인 느낌을 불러일으킨다고 했던 것, 기억나는가? 이 원칙에서 벗어나는 두 가지 예외가 있다. 첫 번째 예외는 이미 확인했듯 '일'과 '일하다'이다. 일은 긍정적인 느낌을, 일하다는 부정적인 느낌을 준다.

두 번째 예외는 '찾기 Suche'와 '찾다 suchen'이다. '찾기'라는 관념은 긍정적인 느낌을 불러일으킨다. 이 단어에는 새로운 것에 대한 설렘이 깃들어 있다. 그에 반해 동사 '찾다'는 부정적인 기분을 불러온다. 찾는 행위, 계속 탐색하고, 비교하고, 불안하게 두리번거리는 일은 지옥이 따로 없다. 찾기는 희망을 약속하고, 찾는 행위는 우리를 괴롭힌다. 존재하지 않는 것을 찾을 때 특히 그렇다. 우리가 일에 대해 그리는 이상, 그것은 환상이다. 그런 일을 찾는 것은 허깨비를 쫓는 짓이다.

다수에게 인생의 행복을 좌우하는 것은 일이 아니다. 그들 인생의 행복은 현실과 유포된 이상 —즉 우리가 지금까지 알아본, 현실과 동떨어진 이미지 —사이에서 좌초

한다. 몇 분만 곰곰이 생각해 본다면 밝은 빛이 보이고 더는 순진한 밤의 단계로 돌아갈 수 없다. 일에 대한 거짓된 환상을 지탱하는 모든 이는 다수를 아프게 하는 공범자다.

나는 다수의 사람들을 위해 **만족**Zufriedenheit이라는 상태를 재발견하고 싶다. 만족은 극단 사이에, 불타는 열정과 슬픔의 눈물 사이에 존재한다. 극단과 달리 만족은 지속적으로 성공하는 인생의 열쇠다.

7장

솔직함을 통한
새로운 동기 부여

누구든 자신의 일에 열정을 불태워도 좋다.
하지만 꼭 그럴 필요가 없는 사람만이
진실로 만족하고 생산적이고 건강할 수 있다.

허황된 이야기의 시간은 끝났다. 모든 거짓말이 그렇듯 직장 생활에 대한 허황된 이야기를 유지하려면 시간과 노력을 들여야 한다.

우리는 열정, 중요성, 분주함, 도전을 연출한다. 우리는 일을 하는 대신 일을 연출한다. 그렇다면 남는 것은 탈진과 실망뿐이다.

냉철한 분석 속에는 긍정적인 메시지도 있다. 만약 우리가 사람들에게 그들의 일에 대한 진실을 말한다면 윗사람들은 스트레스를 덜 받고, 아랫사람들은 실망감을 덜 느끼리라. 헛소리를 늘어놓는 대신 솔직히 말하는 사람은 자기 직원들을 깜짝 놀라게 하고 그들의 존경을 얻게 될 것이다. 진실은 상대를 무장 해제시키고 저항을 줄여 준다. 직원들은 보다 차분한 마음으로 출근할 것이고, 분위기와 더불어 생산성이 올라갈 것이다.

쉬운 이야기 같지만 이는 인사 관리에서 혁명적 발걸음이다. 요즘 유행하는 비즈니스 용어로 하자면 '파괴적 리더십Disruptive Leadership', 즉 전통의 급진적 파괴쯤 되리라.

심리학에는 여기에 해당하는, 시대를 초월한 전문 용어가 하나 있다. '역설적 개입Paradox Intervention'이 그것이다. 많은 이들은 이 방법을 '증상 처방Symptom Prescription'이라고도 부른다. 증상 처방이란 막고 싶은 어떤 증상을 그저 그대로 수용하고 받아들이는 것이다. 이 방법은 그 '증상'이 현실일 때 특히 유용하다. '역설적 개입'은 심리 치료에서 검증되었다. 강력하고 효과적인 방법이다.

직장 생활에서의 역설적 개입, 솔직함을 통한 동기 부여는 다음과 같다.

❶ 이 회사는 여러분이 일하며 행복을 느끼게 하기 위해서가 아니라, 사회를 위한 제품 혹은 서비스를 생산하기 위해, 그럼으로써 여러분 자신과 여러분의 생계를 경제적으로 유지하도록 만들어진 것입니다.

❷ 여러분이 할 일은 전체적으로 규정되어 있습니다. 공동의 성과가 중요하지, 각자가 품는 자기만의 생각은 중요하지 않습니다.

❸ 여러분의 일은 대부분 반복적인 루틴 업무입니다. 따라서 여러분은 일 처리에 능숙해집니다.

❹ 여러분의 일은 사회에 의미를 가집니다. 일의 역할은 여러분 인생에 의미를 불어넣는 것이 아닙니다. 여러분 인생의 의미는 여러분 스스로가 책임지면 됩니다.

❺ 열정을 불태울 필요는 없습니다. 중요한 것은 여러분이 얼마나 헌신적이고 열정적으로 일하는가가 아니라, 얼마나 훌륭하게 일을 잘하는가입니다.

❻ 직장에서 여러분은 호감 가는 사람들뿐만 아니라 사회의

온갖 사람들과 맞닥뜨리게 될 것입니다. 이런 사람들과 잘 지내는 것은 업무의 한 부분이자 인생의 한 부분입니다.

❼ 대체 불가능한 사람은 없습니다. 누구도 혼자 세상을 구할 수 없고 그럴 필요도 없습니다. 우리 회사는 요란스럽게 부산을 피우거나 뭐 대단한 일이라도 하는 양 뭔가 있어 보이게 연출하지 않고, 매일 맡은 바 일을 정상적으로 수행하는 다수의 보통 사람들을 높이 평가합니다. 우리 조직을 돌아가게 하는 것은 바로 여러분입니다. 차이를 만들어 내는 것은 바로 여러분입니다.

❽ 그 대가로 여러분은 월급을 받습니다. 일은 시간과 돈의 교환입니다. 여러분은 노동에 대한 대가를 곧바로 지불받을 수 있습니다. 동일한 노동에 대해서는 동일한 보수를 지급받으며, 우리 회사는 한 사람 몫의 임금을 받는 한 사람이 세 사람 몫의 일을 처리하기를 기대하지 않습니다. 우리는 여러분에게 의미를 약속하지는 않지만 아마 여러분의 생계는 보장할 수 있을 것입니다. 전일제 근무를 한다면 일에 대한 보수로 살아갈 수 있어야 합니다.

❾ 회사가 여러분에게 인생의 의미를 주지 않듯, 여러분은

회사에 자신의 인생을 바칠 필요가 없습니다. 우리 회사는 여러분이 약속한 대로 노동 시간을 제공하기를 기대합니다. 그리고 이 시간 동안에는 휴가 예약을 하는 대신 일하기를 기대할 것입니다.

우리가 진실을 포용하면 진실은 우리에게 평화를 선사한다. 누구든 자신의 일에 열정을 불태워도 좋다. 하지만 꼭 그럴 필요가 없는 사람만이 진실로 만족하고 생산적이고 건강할 수 있다.

참고 자료 및 더 읽을거리

● 단어가 우리에게 어떤 느낌을 불러일으키는지에 대해서는 다음을 참조.
Schrott, Raoul / Jacob, Arthur: Gehirn und Gedicht. Wie wir unsere
Wirklichkeiten konstruieren, München 2011.

● 베를린자유대학의 단어 목록은 '베를린 감정어 목록 Berlin Affective
Word List'이라는 이름으로 알려졌다. 이 목록은 다음에서 확인할 수
있다. www.ewi-psy.fu-berlin.de/einrichtungen/arbeitsbereiche/
allgpsy/BAWL-R/. 연구에 대한 설명은 다음을 참조. Võ, Melissa Le-
Hoa / Jacobs, Arthur M. / Conrad, Markus: "Cross-validating the
Berlin Affective Word List", *Behavior Research Methods*, 2006
(38), 606-609쪽, 그리고 Võ, Melissa Le-Hoa / Conrad, Markus /
Kuchinke, Lars / Urton, Karolina / Hofmann, Markus J. / Jacobs
Arthur M.: "The Berlin Affective Word List Reloaded (BAWL-R)",
Behavior Research Methods, 2009 (41/2), 534-538쪽.

● '유언 연구'를 위해 《디 차이트》, 응용사회학연구소 infas,
베를린사회과학센터 Wissenschaftszentrum Berlin für Sozialforschung 는
독일인 3,100명 이상을 대상으로 설문 조사를 수행했다. 일 주제에 관한
결과는 다음을 참조. Rudzio, Kolja: "Es ist Liebe", *Die Zeit*, 2016년
2월 25일 자, 19-20쪽.

- 하루 중에 우리가 느끼는 행복이 어떻게 변화하는지는 다음을 참조.
  Schöb, Ronnie / Weimann, Joachim / Knabe, Andreas: *Measuring Happiness: The Economics of Well-Being*, Cambridge 2015.
  [국내 번역서: 요아힘 바이만, 안드레아스 크나베, 로니 쉽, 『당신이 행복하지 않은 이유』, 강희진 옮김, 미래의창, 2013.]

- 무엇이 사람을 행복하는지 랭킹(1위: 섹스!)은 다음을 참조. Layard, Richard: *Die Glückliche Gesellschaft, Kurswechsel für Politik und Wirtschaft*, Frankfurt 2005.

- 낙원 그리고 일과 사람 사이 관계의 시작과 문제는 구약성서 1권(창세기), 3장에 길이 남아 있다. 이 책은 일의 격동하는 역사에서 몇몇 중요한 전환점을 언급했다. 일이 어떻게 오늘날과 같은 모습을 띠게 되었는지 자세히 알아보려면 다음을 참조. "Die lange Geschichte der Arbeit und die kurze Geschichte ihrer Verherrlichung", in: Braig, Axel / Renz, Ulrich: *Die Kunst, weniger zu arbeiten*, Berlin 2001. [국내 번역서: 악셀 브라이히, 『일 덜하는 기술』, 변상출 옮김, 문화과학사, 2003, 그 중 '노동의 긴 역사와 노동숭배의 짧은 역사']

- '갤럽 몰입도 지수 Gallup Engagement Index'는 독일의 18세 이상 피고용인을 대표한다. GALLUP / Gallup GmbH, Engagement-Index 2015, Berlin 2016. 다음 온라인 링크에서 최신 결과를 확인할 수 있다. www.gallup. de/183104/german-engagement-index.aspx.

열정을 불태우면 좋은 결과가 나온다

● 트럭 운전사가 된 심장외과의를 관심 있게 다룬 보도는 인터넷 검색창에 '심장외과의 트럭'을 치면 확인할 수 있다.

● 친족을 수술하는 의사들의 전문적 판단 능력은 다음을 참조. Gerst, Thomas: "Im Zwiespalt: Wenn die Familie Patient ist", *Deutsches Ärzteblatt*, 2015 (17), A-768쪽 / B-648쪽 / C-628쪽.

● 스타트업의 실패에 관한 수치 및 배경은 다음을 참조. Triebel, Claas / Schikora, Claudius: "Scheitern bei Unternehmensgründungen, Warum machen so viele Start-ups pleite? Und warum gehört das Scheitern zum Gründen dazu?", in: Kunert, Sebastian (ed.): *Failure Management, Ursachen und Folgen des Scheiterns*, Heidelberg 2016, 235-248쪽.

새로운 도전을 통해 성장한다

● 익숙함의 힘이 엄마 배 속의 아기에게 어떻게 작용하는지는 다음을 참조. Peiper, Albrecht: "Sinnesempfindungen des Kindes vor seiner Geburt", *Monatsschrift für Kinderheilkunde*, 1925 (29), 237-241쪽.

- '번아웃Burn-out'의 반대말로서 '보어아웃Boreout' 개념은 다음을 참조. Rothlin, Philippe / Werder, Peter R.: Diagnose Boreout. *Warum Unterforderung im Job krank macht*, Heidelberg 2007. [국내 번역서: 필리페 로틀린, 페터 R. 베르더, 『보어아웃』, 한윤진 옮김, 디플Biz, 2008.]

일에서 내 삶의 의미를 찾는다

- 더 자세한 정보를 원하는 독자, 즉 인간의 욕구에 대해 더 많이 알고 싶은 독자는 다음을 참조. Reiss, Steven: "Multifaceted Nature of Intrinsic Motivation: The Theory of 16 Basic Desires", *Review of General Psychology*, 2004 (8/3), 179–193쪽.

나는 회사에서 중요한 사람이다

- '사회적 태만' 현상에 대한 깊이 있는 정보는 다음을 참조. Ringelmann, Maximilien: "Recherches sur les moteurs animé. Travail de l'homme", *Annales de l'Institut National Agronomique*, 1913 (2 XII), 1–40쪽, 그리고 Oelsnitz, Dietrich / Busch, Michael W.: "Social Loafing. Leistungsminderung in Teams", *Personalführung*, 2006 (9), 64–75쪽.

● 실망한 기대와 질병 사이의 슬픈 관계는 다음을 참조. Siegrist,

  Johannes: *Arbeitswelt und stressbedingte Erkrankungen.*

  Forschungsevidenz und präventive Maßnahmen, Müchen 2015.

좋은 사람들과 함께 일한다

● 구인광고의 '젊은 팀'이 법정 앞에 서게 된 과정은 흥미롭고 재미있다.

  많은 법원은 구인광고의 이 표현을 나이 든 사람에 대한 차별로 보았다.

  슐레스비히홀슈타인주 노동법원의 2013년 10월 29일 판례(사건번호

  1 Sa 143/13)가 그 예다. 어떤 고용주들은 가령 바덴뷔르템베르크주

  노동법원의 2016년 1월 15일 판례(사건번호 19 Sa 27/15)에서 자신들이

  이야기하는 '젊은 팀'이란 직원 나이와는 관계가 없다고, 팀이 아직

  오래되지 않았다는 점을 말하려 한 것이라고 변명했다.

4장 자기가 맡은 일만 하는 사람

● 병원 청소부들에 대한 연구를 자세히 기술한 자료로는 다음을 참조.
Schwartz, Barry: *Warum wir arbeiten*, Frankfurt 2016, 23쪽
이하. 연구 원본은 다음 미출간 조사 보고서를 참조. Wrzesniewski,
Amy / Dutton, Jane E. / Debebe, Gelaye: "A social valuing
perspective on relationship sensemaking", Ann Arbor 2000,
그리고 Wrzesniewski, Amy / Dutton, Jane E. / Debebe, Gelaye:
"Interper0.sonal sensemaking and the meaning of work",
Research in Organizational Behavior, 2003 (25), 93-135쪽.

● '잡 크래프팅 Job crafting' 개념은 다음을 참조. Wrzesniewski, Amy /
Dutton, Jane E.: "Crafting a Job: Revisioning Employees as Active
Crafters of Their Work", *Academy of Management Review*, 2001
(26/2), 179-201쪽.

● 직원을 세 범주로 분류한 내용은 다음을 참조. Wrzesniewski, Amy
/ McCauley, Clark R. / Rozin, Paul / Schwartz, Barry: "Jobs,
Careers, and Callings: Peoples's relations to their work", *Journal
of Research in Personality*, 1997 (31), 21-33쪽.

● '몰입도 지수'에 관해서는 '일에 관한 마법 구슬 같은 신화' 장의 내용을
참조.

5장 시간과 돈의 정직한 교환

● 독일인의 일에 대한 만족도 설문은 사회경제 패널SOEP의 일부다. SOEP는 베를린 독일경제연구소가 위탁해 실시하는 대표적인 추적 조사다. TNS 인프라테스트TNS Infratest 사회연구소가 매년 독일에서 거의 1만 1천 가구의 약 3만 명을 대상으로 설문 조사를 진행한다. 일에 대한 만족도를 조사한 결과는 다음을 참조. Bernau, Patrick / Rösler, Jochen, "Diese Berufe machen glücklich", *Frankfurter Allgemeine Zeitung Online*, 2016년 6월 22일 자.

● 보도 얀센Bodo Janssen과의 인터뷰는 다음을 참조. Töper, Verena: "Ich war ein Flop-Manager", *Spiegel Online*, 2016년 4월 25일 자.

6장 일에 대한 환상을 걷어 낸 세상

● Kitz, Volker: "Gebt's doch zu, Arbeit nervt!", *Spiegel Online*, 2015년 7월 6일 자. 댓글란을 한번 들여다보라!

● 사회경제 패널에 관해서는 '시간과 돈의 정직한 교환' 장을, '베를린 감정어 목록'에 관해서는 '행복과 불행의 단어 '일'' 장을 참조.

7장 솔직함을 통한 새로운 동기 부여

● 역설적 개입의 매력적인 효과에 관심이 있는 독자는 다음을 참조. Seltzer, Leon F.: *Paradoxical strategies in psychotherapy: A comprehensive overview and guidebook*, Oxford 1986.

● '파괴적 리더십'이라는 유행어가 지금 이 순간 어떻게 사용되고 있는지 알아보려면 직접 구글링해 보라. 유행어는 책에 담기에는 너무 빨리 의미가 변한다.

옮긴이 | 신동화

서울대학교 독어독문학과를 졸업하고 같은 과 대학원에서 석사학위를 받았다. 출판사에서 편집자로 일했으며, 한국문학번역원 번역아카데미 특별과정을 수료했다. 현재 프리랜서 번역가로 활동 중이다. 옮긴 책으로는 『실패한 시작과 열린 결말 ― 프란츠 카프카의 시적 인류학』, 『무용수와 몸』, 『괴테와 톨스토이』, 『9시에서 9시 사이』, 『개를 잃다』가 있다.

오늘 일은 끝!

1판 1쇄 찍음 2019년 12월 4일
1판 1쇄 펴냄 2019년 12월 11일

지은이 | 폴커 키츠
옮긴이 | 신동화
발행인 | 박근섭
책임편집 | 정지영
펴낸곳 | 판미동

출판등록 | 2009. 10. 8 (제2009-000273호)
주소 | 06027 서울 강남구 도산대로 1길 62 강남출판문화센터 5층
전화 | 영업부 515-2000 **편집부** 3446-8774 **팩시밀리** 515-2007
홈페이지 | panmidong.minumsa.com

도서 파본 등의 이유로 반송이 필요할 경우에는 구매처에서 교환하시고
출판사 교환이 필요할 경우에는 아래 주소로 반송 사유를 적어 도서와 함께 보내주세요.
06027 서울 강남구 도산대로 1길 62 강남출판문화센터 6층 민음인 마케팅부

판미동은 민음사 출판 그룹의 브랜드입니다.